La terreur jusque sous nos draps

« Il me paraît grave que tout se passe
aujourd'hui comme si l'idée de l'amour
tendait à disparaître de l'horizon.
Car, avec elle, c'est la plus exacte
mesure de notre liberté encore inconnue
que nous sommes en train de perdre. »

Annie Le Brun, « Une obscure utopie »

Sauver l'amour

J'ai passé la plus grande partie de ma scolarité dans une école religieuse pour filles, au sein de la Petite Jérusalem à Sarcelles. Et, chaque matin, à l'entrée de l'établissement était pratiquée la police du vêtement. La surveillante vérifiait que les jupes que nous portions respectaient les règles qui avaient été fixées par des rabbins plusieurs siècles plus tôt. Elle inspectait du regard la taille de l'habit féminin, contrôlait qu'il dépassait bien le genou en position assise, ne disposait pas de fente et n'était pas enrichi d'une ceinture trop clinquante (c'était la mode des grosses ceintures cloutées). De même, la chemise qui l'accompagnait devait disposer de manches jusqu'aux coudes, même si nous désirions les replier pour cause de chaleur. Ces considérations étaient capitales, car elles déterminaient la suite du parcours de la journée avec, soit, lorsque tout était en règle, l'autorisation d'entrer dans la salle de prière qui ouvrait quotidiennement l'emploi du temps, soit un avertissement flanqué sur le carnet de liaison doublé d'une expulsion vers le domicile familial. Dans la même logique de préservation des jeunes filles, l'école était séparée de plusieurs kilomètres de celle des garçons, pour éviter des rapprochements intempestifs entre élèves de sexes différents et œuvrer à la préservation de leur innocence jusqu'au mariage. La femme en devenir que j'étais se pliait aux impératifs de la bigoterie religieuse, parce qu'elle savait devoir chérir sa place dans le privé confessionnel, une chance de s'épargner un établissement public et de voir ses parents plonger dans l'angoisse du risque de l'antisémitisme. Il demeurait néanmoins quelques respirations durant les week-ends et les vacances scolaires, au cours desquels un plaisir de transgression s'exprimait sous des formes diverses.

En perçant cette bulle de naissance à l'université, en faisant mes premiers pas dans la société civile laïque, j'aspirais à devenir une femme libre, indépendante, réconciliée avec les jupes courtes, les fentes et même avec les pantalons. J'aspirais à me libérer des injonctions morales qui m'avaient laissé des stigmates, de cette culpabilité et de cette méfiance vis-à-vis du désir qui avaient su s'ancrer en moi les années passant, à m'approprier mon corps et sa façon de le couvrir, à laisser une chance aux hommes, cette espèce étrangère et que l'on m'avait toujours décrite comme aux antipodes de la mienne. Bien que tardive, je me réjouissais de cette libération des mœurs et pensais en avoir fini avec la dictature de la vertu. Quelle ne fut pas ma surprise de découvrir sur le tard, bien loin de toute sphère religieuse, au cœur du débat public, un discours moral tout aussi oppressif, une culpabilisation de la femme et une misandrie décomplexée qui dépassent l'entendement. Quelle ne fut pas ma surprise d'observer des idéologues œuvrer sous l'étiquette « féministes », chercher à séparer les hommes des femmes, à criminaliser les premiers et culpabiliser les secondes d'éprouver de l'attirance, du désir, de l'amour pour eux malgré leurs différences et leurs faiblesses. Quelle ne fut pas ma surprise de voir dans une salle obscure du Pathé Parnasse, à l'été 2023, la première interprétation cinématographique de *Barbie*, succès planétaire au milliard de dollars de recettes dépassé au Box-Office, mettant en scène une guerre des sexes et présentant le renoncement à l'amour comme acte ultime de l'émancipation du féminin. Confectionné un demi-siècle plus tôt par la fabrique de jouets Mattel, le duo de poupées formé par Barbie et Ken avait ses spécificités et ses bizarreries, comme tous les couples, mais demeurait dans mon imaginaire la représentation d'un possible bonheur à deux. Moi qui pensais naïvement que l'amour pourrait finir par triompher dans un film acclamé par la critique « féministe », je me mettais le doigt dans l'œil. À mesure que le long-métrage défilait à l'écran, qu'il dévoilait son sexisme et sa misogynie, sa raideur et sa pruderie, son appel au désenchantement du monde et sa haine de l'autre, j'étais prise de malaise.

Ainsi, l'Occident désacralisé avait fabriqué son propre puritanisme. Des poussées pudibondes s'étaient structurées dans le sillage de l'affaire *MeToo*, avaient fondé des nouvelles morales, tout aussi oppressives et hypocrites que les anciennes, tentant de régenter le désir de tout un chacun, s'attaquant autant aux hommes qu'aux femmes amoureuses. Alors que ce mouvement survenu en 2017 avait visé à dénoncer les pervers et les agresseurs sexuels, à condamner avec plus de fermeté les prédateurs pour mieux protéger les victimes, à libérer la parole de celles qui s'étaient murées dans le silence à cause de la peur, une terreur s'était abattue sans distinction, sur les relations entre les hommes et les femmes. Une poignée de néo-puritaines instrumentalisait cette révolution sexuelle nécessaire pour faire entendre à l'ensemble des femmes qui continuaient à aimer les hommes qu'elles n'étaient que des soumises écervelées. Quant à ces derniers, ils étaient tous coupables par essence, avant même d'ouvrir la bouche ou de manifester une preuve de virilité, à cause de siècles de domination de leur groupe sexuel. Au nom de « la libération de la femme », des professeurs de vertu réduisaient les êtres humains à leur sexe pour mieux distiller la peur, conspirer contre l'amour et atomiser la société. Ainsi l'on vit des staliniennes en jupons, comme les appelle la grande écrivaine Annie Le Brun, en appeler aux éditeurs afin qu'ils renoncent à publier les romances érotico-romantiques, de la collection Harlequin à *Cinquante nuances de Grey*, ou les romans de la *Dark Romance*, toute cette littérature écrite par des femmes et plébiscitée uniquement par elles. Ce public féminin qui aime fantasmer d'un amour taciturne, puissant et faussement violent, serait abruti par le « patriarcat », aurait intériorisé « les stéréotypes de la culture du viol », appris à « érotiser la violence », et, à ce titre, il serait nécessaire de lui interdire ces représentations afin de redresser ses fantasmes. C'est en ce sens que, tout au long du présent essai, celles qui souhaitent légiférer la sphère de l'intime seront nommées les nouvelles moralistes. C'est « pour leur bien », qu'elles invitent leurs congénères à se trahir et à renoncer à leurs désirs les plus primaires.

Elles qui disent s'exprimer au nom de l'émancipation féminine, demeurent bien souvent les ennemies objectives des femmes. Elles déclarent en grande pompe lutter contre le « patriarcat », mais font preuve de la misogynie la plus crasse, en considérant que leurs camarades dans la sexualité ne sont pas aptes à déterminer ce qui est bon pour elles, car conditionnées par les hommes. Souvent, dans leurs ouvrages, elles utilisent la métaphore du film *Matrix*, appellent à prendre « la pilule rouge » pour découvrir la réalité médiocre du compagnonnage avec le sexe opposé, afin de mieux se défaire de ce besoin. Cette poignée de néo-féministes auraient compris l'évidence, elles, contrairement à ces millions d'autres femmes qui persistent à ne pas percevoir les représentants de l'autre sexe comme d'impitoyables bourreaux. « Tout notre imaginaire romantique est fondé sur une forme d'infériorité des femmes et de sa sublimation. Il faut toujours que l'homme soit plus grand. Et que la femme se fasse toute petite pour être aimée », regrette la journaliste Mona Chollet, dans *Réinventer l'amour : comment le patriarcat sabote les relations hétérosexuelles*[1]. Une vision de l'amour qui mythifie le masculin, comme s'il n'était pas, lui aussi, une petite chose fragile dans la relation amoureuse, comme si la femme ne pouvait pas être aussi monstrueuse que lui, comme si le bien et le mal,

1. Mona Chollet, *Réinventer l'amour : comment le patriarcat sabote les relations hétérosexuelles*, Zones, 2021.

dans cette relation si spéciale, avaient un sexe défini d'avance.

C'est ainsi qu'est jeté le soupçon, et avec lui la présomption de culpabilité, sur les femmes qui aiment les hommes qui ne sont pas « déconstruits », en réalité toutes celles qui ne correspondent pas à leur idéal de déconstruction et qu'on serait en droit de considérer comme des traîtresses à la cause. Une femme qui jouit est une femme qui collabore. Dans une vision quasi complotiste du monde, elles distillent le doute, en essentialisant les sexes à un rapport de domination et en traquant le politiquement correct jusque sous les draps. Comme si le sexe était un parti politique auquel on devait adhérer, qu'il avait ses codes de conduite qu'il fallait appliquer comme des moutons.

Ainsi, les femmes qui aiment l'amour se retrouvent entre le marteau des « porcs » et l'enclume de ces moralistes enragées. Malgré tout, la plupart d'entre elles (d'entre nous ?) aspirent encore et toujours à l'amour vrai en dépit de la violence potentielle des prédateurs et de la culpabilisation néo-puritaine. Si la littérature détaillant les conséquences désastreuses de l'œuvre des porcs est largement documentée depuis l'affaire Weinstein aux États-Unis, celle des « nouvelles staliniennes à jupons » est encore peu développée. Le présent essai s'attelle à pallier ce manque. Tout au long des chapitres, nous allons déconstruire l'œuvre de ces néo-puritaines, défendre l'amour qualifié avec mépris par ces dernières d'« hétérosexuel ». Nous allons mettre en lumière leurs ressorts idéologiques, leurs combats, les moyens d'actions employés pour arriver à leurs fins qui laissent peu de place au doute, à savoir saboter l'amour entre l'homme et la femme. Pour ce faire, nous dresserons une typologie de ces nouvelles morales : la politisation de l'intime, la pathologisation du sentiment et la criminalisation du masculin. Similaires aux anciennes, nous les qualifions de nouvelles en ce qu'elles se drapent sous l'étiquette progressiste, quand la bigoterie était jusqu'ici un trait spécifique au conservatisme.

La politisation de l'intime, concept phare de cette branche radicale du néo-féminisme, s'emploie à abattre radicalement la séparation entre le public et le privé. Si les mouvements féministes ont toujours considéré le privé comme politique et politisable, celle-ci amorce un nouveau cap avec l'instauration d'une échelle de valeurs dans la sphère amoureuse, en allant traquer le politiquement correct jusque sous les draps et, avec un sadisme tout moderne, sanctionner tout fantasme, désir, aspiration qui n'irait pas dans le bon sens égalitariste. En prétextant faire la

« révolution dans la chambre à coucher », chercher des rapports plus sexuellement corrects, ces militantes tendent à instaurer un nouvel ordre moral, qui, si on le suit jusqu'au bout, revient à liquider le désir, sanctionner la jouissance, cliver à jamais les sexes. La politisation de l'intime conçoit le couple exclusivement comme une cellule politique, un rapport de domination sexué qui conduit fatalement à sa judiciarisation. L'affaire Julien Bayou fut un exemple criant de ce prisme totalitaire, lui qui a dû démissionner avec fracas de son poste de secrétaire national du parti Europe Écologie Les Verts (EELV), pour s'être comporté comme un malotru avec plusieurs ex-compagnes, bien que rien dans son comportement passé n'était pénalement répréhensible.

La deuxième morale instituée par les « staliniennes à jupons » se situe dans le prolongement de la première : l'amour et ses tâtonnements sont appréhendés comme des symptômes inquiétants. À l'ère du post #MeToo, certaines notions de psychopathologie ont été vidées de leur sens précisément clinique pour devenir des instruments de lutte et jeter un soupçon général sur la passion amoureuse. C'est le cas, par exemple, de « l'emprise », qui décrit un mécanisme psychologique de dépendance que met en place un prédateur pour enfermer sa proie, parfois jusqu'à la pousser au suicide. Ce terme a été dévoyé, galvaudé, utilisé à tort et à travers dans le langage courant, de sorte à associer toute passion amoureuse à une maladie psychiatrique. De même pour les « pervers narcissiques » qui ne concernent que 2 à 3 % de la population selon les psychologues, mais qui selon les nouvelles « statistiques » idéologiques seraient légion. L'amour devient un danger social qu'il faut éradiquer, un délire individuel dont l'autre (souvent l'homme) est responsable de tout et duquel il faut se prémunir. Ainsi lorsque le surréaliste André Breton à la fin de *L'Amour fou* souhaite à sa fille d'être « follement aimée », on lui reprocherait presque de faire l'apologie du pire, de la folie au sens psychiatrique du terme, de l'aliénation patriarcale pure et simple.

La troisième morale consiste en la criminalisation du masculin, assimilé sans vergogne au « porc ». Le porc représente les pervers et agresseurs sexuels mis en lumière par le phénomène de #BalanceTonPorc, dans le sillage de l'affaire #Metoo qui a connu un tournant en 2017. « *If you've been sexually harassed or assaulted write 'me too' as a reply to this tweet* »[1], écrivait l'actrice Alyssa Milano sur son compte

1. En français : « Si vous avez été sexuellement agressée, écrivez “me too” [moi aussi] en réponse à ce tweet. »

Twitter, sans se douter que son appel à sortir du bois allait embraser la planète entière. En France, pour une raison obscure, la traduction du mouvement animalisait l'agresseur. Le porc est celui qui use de violence physique ou psychologique envers des femmes, les brisent parfois en morceaux et détruisent le terrain de confiance entre les sexes. Ils profitent de leur faiblesse pour les brutaliser et tuer cette innocence qui aurait pu porter un projet romantique : ceux-là, mille fois oui, méritent d'être « balancés ». Hélas, parmi les vrais porcs dénoncés sur la place publique ou traînés en justice parce qu'ils le méritaient, figurent des boucs émissaires d'un système déchaîné, mis au pilori par le tribunal populaire sans crime avéré. Cette confusion, cette réduction de tous les hommes à des porcs, est une entreprise de sabotage du sentiment suprême entre les sexes. Pour décrire ce procédé rhétorique, nous formaliserons le concept de « reductio ad porcum », que l'on définira ici par la disqualification du masculin par son assimilation aux prédateurs. Une adaptation du concept de « reductio ad hitlerum » utilisé pour la première fois dans les années 1950 par le philosophe allemand Leo Strauss, pour désigner cette façon courante de disqualifier un adversaire en l'associant à Adolf Hitler. Aujourd'hui, les « staliniennes à jupons » se servent des « porcs » pour culpabiliser la « masculinité toxique » qui serait intrinsèque à toute manifestation virile. Il se trouve que la criminalisation du masculin va de pair avec la victimisation du féminin, essentialisation particulièrement visible à travers les lectures avilissantes qui sont faites des contes de fées. L'exemple de *La belle au bois dormant*, considérée comme faisant la promotion de la culture du viol, à cause du baiser volé du prince Philip à la princesse Aurore, alors que depuis des lustres ce baiser de la belle endormie illustre l'idée que l'amour peut tromper la mort, met en lumière cette machination contre l'amour sur laquelle nous reviendrons.

Ces trois morales se superposent dans un mouvement graduel et travaillent de concert à saboter l'amour entre l'homme et la femme : la politisation de l'intime permet de placer l'amour au cœur d'une guerre idéologique, de le régenter et le judiciariser, sa pathologisation le définit comme un danger pour la santé mentale, pour qu'il suscite la peur et, enfin, la criminalisation du masculin s'emploie à désigner un coupable présumé de tous les malheurs du monde, distiller le soupçon, pour mieux, *in fine*, séparer les sexes. Rendre l'amour soupçonnable, coupable, pour mieux tuer le désir que l'homme et la femme pourraient éprouver l'un pour l'autre et accélérer l'atomisation de la société. Pour preuve, le phénomène de récession sexuelle constaté par un sondage Ifop réalisé en février 2022 pour le compte de Sidaction, selon lequel 43 % des jeunes Français âgés de 18 à 25 ans n'ont eu aucun rapport sexuel pendant l'année écoulée : une hausse de 18 points par rapport à 2015. Pour preuve également, cette explosion du célibat appelée joyeusement « célibat-boom », un phénomène qui a doublé en quarante ans, avec plus de 8 millions de personnes vivants seules, selon l'INSEE. En assimilant des baisers à un viol, en définissant l'attirance intense comme une emprise, l'amour hétérosexuel relève ainsi de la violence qu'il ne serait pas raisonnable de défendre. Les trois premiers chapitres détaillent ainsi les ressorts de ces morales et sont suivis d'un autre qui décrit l'une de leurs conséquences directes : le sacre des pantoufles ou l'ère du renoncement amoureux, qui montre comment s'amorce la fin de l'amour par allergie au risque. La partie suivante constituée de trois chapitres explore la façon dont les inquisitrices s'attaquent à nos représentations amoureuses, à nos mythes romantiques (contes de fée, littérature éroticoromantique et le couple mythique formé par Barbie et Ken). Enfin, la troisième partie expose la manière dont trois couples phares ont été la cible des inquisitrices sous prétexte de ne pas se plier à leur ordre moral, notamment Emmanuelle Seigner et Roman Polanski ou Tina Kunakey et Vincent Cassel.

Que l'on ne s'y trompe pas : le présent essai ne se donne pas pour mission, uniquement, de mettre en lumière la furie des femmes savantes. Il est d'abord question de défendre l'amour avec ses failles, ses contradictions, ses asymétries, ses injustices et ses imperfections. De le réhabiliter dans sa dimension antique, mythique, cosmique, dionysiaque et apollinienne, comme dirait Nietzsche, soit comme recherche d'harmonie et expérience des limites. Il s'agira de faire l'éloge des singularités, des couples marginaux, atypiques, pour montrer combien l'amour est toujours une exception. De se placer du côté des romanciers et des poètes, hommes et femmes, qui jugent que l'amour ne peut être appréhendé comme un phénomène collectif par sa seule dimension politique, ou comme un strict objet sociologique, à partir d'une grille de lecture de la domination sexuelle. Nous montrerons combien l'amour n'advient pas entre groupes sexuels mais entre individus, entre des êtres singuliers aux psychologies complexes, et qu'il implique toujours une part d'injustice, d'irrationnel, et même de folie. Car oui, l'amour est un risque, un danger, un merveilleux danger, l'horizon indépassable de l'humanité, son vouloir-vivre profond mais aussi sa promesse de bonheur, d'extase, de liberté. Nous appellerons à défendre l'amour, comme ultime refuge de la liberté.

1

La politique jusque dans la chambre à coucher

> « La vie est en soi quelque chose de si triste, qu'elle n'est pas supportable sans de grands allègements. »
>
> Gustave Flaubert, *Correspondance*, 28 octobre 1870

« Sortez les Républicains de votre chambre ! » incite un clip électoral démocrate, réalisé pour appeler à voter un scrutin décisif dans l'État de l'Ohio[1]. Le film s'ouvre sur un homme et une femme, en sous-vêtements, en train de s'embrasser fougueusement dans un lit. L'homme fait bientôt glisser sa main dans le tiroir de la table de nuit pour y récupérer un préservatif. Il est interrompu dans son geste par un vieux

1. Scrutin réalisé le 8 août 2023. La population est appelée à approuver ou à refuser un texte qui consiste à rendre plus difficile la modification de la Constitution locale, à l'heure où les Démocrates espèrent y inscrire le droit à l'avortement.

monsieur encravaté, minutieusement coiffé, aux faux airs de Jack Nicholson, qui surgit de façon intempestive dans la pièce pour l'empêcher d'accéder à l'objet convoité. « Je suis votre député et, maintenant que nous avons été élus, nous interdisons le contrôle des naissances, déclare avec aplomb le représentant fictif. – C'est à nous de décider, sortez de notre chambre ! lui répond la jeune femme. – J'ai gagné les dernières élections, je ne vais nulle part », se voit-elle répondre illico. Le sourire de l'élu, sûr de lui, conclut cette habile publicité politique qui dénonce, par une illustration grandeur nature, l'interventionnisme politique jusque dans les affaires les plus intimes. L'efficacité de ce spot est indiscutable : l'irruption d'un représentant de l'État au pied du lit des deux amants pour faire valoir ses mesures liberticides ne peut inspirer qu'un profond rejet. Tout couple en pareille situation n'aurait qu'une envie : dégager l'intrus à coups de pied aux fesses. C'est d'ailleurs au nom du droit aux femmes à la propriété privée que l'avortement a été autorisé aux États-Unis : l'arrêt historique de 1973, « Roe v. Wade », de la Cour suprême l'a protégé pendant un demi-siècle comme un droit fondamental[1]. La pièce

1. Le 24 juin 2022, la Cour suprême des États-Unis annule l'arrêt Roe VS Wade, abrogeant ainsi le droit constitutionnel à l'avortement.

qui contient l'alcôve est sacrée, elle mérite d'être mise à l'abri des irruptions intempestives, des luttes politico-politiques, protégée de la violence des guerres idéologiques. Même à l'heure où s'érode la distinction entre les domaines public et privé, à l'heure du triomphe de la télé-réalité et des ébats retransmis en direct sur la toile, subsiste un besoin de protection de l'intimité. Même à l'heure du culte de la transparence, demeure la nécessité d'entretenir son jardin secret, de préserver cet intime qui renvoie étymologiquement au superlatif latin *intimus*, qui signifie « l'intérieur de l'intérieur, ce qu'il y a de plus intérieur dans l'intérieur ».

L'intrusion suscite une révolte légitime, une fureur du même ordre que celle provoquée par cette frange jusqu'au-boutiste du féminisme qui appelle à faire « la révolution jusque dans la chambre à coucher ». À traquer des systèmes de domination imaginaires qui s'exercent sous les draps, dans l'intimité. Les termes eux-mêmes, empreints d'une pudeur de gazelle, sont précurseurs d'une dérive totalitaire, cherchent à instaurer un nouvel ordre moral dans la sphère amoureuse, de la façon d'aimer à celle de désirer, de celle de fantasmer à celle de jouir. Ici, pas question d'interdire le préservatif, mais de régenter les attitudes face à l'amour et les pratiques sexuelles (la position de l'homme sur la femme durant l'acte est un signe de domination selon certaines). Un appel à établir une nouvelle échelle de valeurs qui définit les comportements acceptables, légitimes, valorisés, et, dans le même temps, ceux qui sont répréhensibles ou stigmatisés. Prenons l'exemple de la galanterie, qui participe du jeu de la séduction, défini par le Larousse comme « une politesse empressée auprès des femmes » qui « renvoie à des propos en compliments flatteurs à une femme ». Toutes les femmes de mon entourage aiment se sentir désirées, séduites, qu'on leur fasse la cour comme le paon fait la roue pour montrer ses jolies plumes pour séduire les femelles. Elles voient dans ces codes qui régissent les rapports de séduction, qui n'ont cessé de fluctuer avec les époques, une forme anodine d'attention et de respect, de civilité, qui s'oppose sur le terrain de la représentation aux veuleries. Mais pour les pourfendeuses de l'amour et leurs alliés, la galanterie est une attitude « sexiste », une provocation, un instinct paternaliste qui renvoie les femmes à un statut inférieur. C'est le début de l'expression de la violence pour certaines, à l'image de l'actrice Isabelle Adjani qui englobe, comme d'autres, ce comportement délicat dans un système dégradant. Elle condamne les 3G : « galanterie, grivoiserie, goujaterie. Glisser de l'une à l'autre jusqu'à la violence en prétextant le jeu de la séduction est une des armes de l'arsenal de défense des prédateurs et des harceleurs » considère l'actrice[1]. Ainsi, derrière celui qui invite sa promise au restaurant, qui lui tient la porte ou la laisse monter la première dans l'ascenseur, se cache un « porc » en puissance, qui mérite d'être remis à sa place sinon dénoncé. Enfer et damnation ! Pour réaliser le mythe d'un égalitarisme forcené dans l'amour, les hommes et les femmes devraient se traiter de la même manière, sans distinction aucune, faire advenir un idéal androgyne, fermer une bonne fois pour toutes le chapitre de l'union des sexes, et avec lui celui du grand désarroi amoureux. C'est ce que l'on appelle pécher par excès de zèle, renoncer au meilleur pour ne plus subir le pire. Comme cet élu républicain qui s'introduit dans une chambre à coucher sans y avoir été invité, celles-ci s'octroient le droit de franchir la porte de l'intime pour mieux édicter leurs règles et le domestiquer. Or toutes ces forces interventionnistes et obscènes devraient être stoppées avec la même autorité, sur le pas de la porte, par Terminus, le dieu gardien des frontières dans la mythologie romaine, protecteur des limites et des bornes de la propriété privée. Divinité à laquelle le poète latin Ovide[2] a

1. Isabelle Adjani à propos de l'affaire Weinstein : « En France, c'est autrement sournois », le JDD, 14 octobre2017.

2. Ovide, *Les Fastes* (II, v. 640-650).

rendu cet hommage en vers : « Que le dieu dont la présence marque les limites des champs soit dûment célébré. Ô Terme, qu'il s'agisse d'une pierre ou d'un poteau planté dans le champ, tu as un pouvoir divin depuis l'Antiquité. »

Historiquement, les organisations féministes ont toujours refusé de laisser les affaires privées à l'écart de leur combat. Le Mouvement de libération des femmes (MLF), héritier de la révolution soixante-huitarde, s'en targuait déjà au nom de l'émancipation de la femme. « Tout est politique », « La politique au premier rang » constituaient les cris de ralliement courants de celles qui définissaient tous les rapports, domestiques, affectifs et sexuels, comme des rapports sociaux. « Le personnel est aussi politique[1] » constituait l'un des mots d'ordre particulièrement représentatif de cette revendication, par ailleurs tout droit importée des États-Unis. Revendiquer le caractère politique des problèmes personnels devait ouvrir la voie à la recherche de solutions aux difficultés de la vie. Au début des années 1970, des femmes se réunissent en groupes de parole pour se raconter leurs épreuves : leurs mauvais coups, les tâches ménagères, les grossesses non désirées, les brimades vécues dans leur vie de femme et d'épouse ne sont plus des souffrances personnelles mais des

1. Traduction de « The personal is political ».

injustices collectives. Les expériences personnelles sont théorisées et pensées comme des phénomènes globaux. « Nos problèmes personnels sont des problèmes politiques pour lesquels il n'existe aucune solution personnelle. Il ne peut y avoir qu'une action collective pour une solution collective[1] », écrivait en 1970 la féministe radicale américaine Carol Hanisch, qui a contribué à diffuser ce slogan. Mais toute douleur individuelle, faisant écho à celle des autres, doit-elle nécessairement déboucher sur une entreprise politique ? Il est possible de trouver un élément de réponse dans cette citation du célèbre écrivain américain Philip Roth : « Quand on généralise la souffrance, on a le communisme, quand on particularise la souffrance on a la littérature[2]. »

À l'ère post *#MeToo*, après la révolution sexuelle entreprise dans le sillage de l'affaire Weinstein en 2017, des radicales s'attaquent non plus au privé, mais à l'intime : les revendications ne visent pas à une neutralité en droits ou à être jugées sur leurs mérites, comme les hommes, mais à imposer une égalité dans les positions sexuelles, le partage des tâches domestiques, et même la façon d'uriner qui

1. Carol Hanisch, « Problèmes actuels : éveil de la conscience féminine. Le "personnel" est aussi "politique" », *Partisans*, n° 54-55, « Libération des femmes, année zéro », juillet-octobre 1970.

2. Philip Roth, *J'ai épousé un communiste*, Gallimard, 2001.

devient suspecte. « Faire pipi debout, ça fait partie des privilèges que les mecs ne veulent pas abandonner », titre une enquête d'un sérieux confondant publié dans *Le Monde*[1]. La politisation a envahi les questions intimes comme la mauvaise herbe un massif de fleurs, soumettant la plus insignifiante attitude individuelle à la justice commune. En décembre 2021, *La Déferlante*, qui se définit comme « la revue des révolutions féministes », consacre son quatrième numéro à l'amour qui « n'est pas un concept abstrait » et appelle à une « libération des sentiments ». Le dossier se targue de passer les relations amoureuses au crible des réflexions féministes et interroge des personnalités comme l'ancienne garde des Sceaux, Christiane Taubira, ou encore la réalisatrice Alice Diop. Dans le viseur, toujours, l'amour entre l'homme et la femme, méprisé à travers les termes « hétérosexualité », « hétérosexisme » ou encore « hétéropatriarcat ».

Ce dernier terme, faux concept savant comme il y en a tant, renvoie à « un système sociopolitique dans lequel le genre masculin et l'hétérosexualité dominent d'autres genres et orientations sexuelles ».

1. Célia Laborie, « Gare au "retrosplash" : "Faire pipi debout, ça fait partie des privilèges que les mecs ne veulent pas abandonner" », *Le Monde*, 10 juin 2023.

L'amour entre l'homme et la femme est sous le feu d'une double critique : il est accusé à la fois de marginaliser les minorités sexuelles et de soumettre la femme par un système de domination. En fait, pour le néo-féminisme, l'hétérosexualité est un problème sans solution dont les femmes auraient tout intérêt à se débarrasser. Ce serait la fin de la part du risque potentiel contenu dans la rencontre de l'altérité sexuelle, la fin du risque de l'incompréhension. « Pour les hommes comme pour les femmes, l'amour est très lié à des questions de domination et de soumission, car on pense d'abord à l'amour comme amour hétérosexuel[1] », regrette la philosophe Manon Garcia, auteur de plusieurs ouvrages à succès sur l'infériorisation de la femme. « L'amour est l'endroit où la différence des sexes se vit le plus intensément, de la manière la plus heureuse, et, en réalité, aussi de la manière la plus malheureuse. Par conséquent, les normes sociales de genre, la féminité et la masculinité, sont en jeu de manière très directe et parfois très violente dans l'amour. Ce que l'on appelle la féminité est en fait une norme de soumission. » La féminité, une « norme de soumission » ? Drôle de conception de la féminité.

1. « Qu'est-ce qui pourrait sauver l'amour ? Révolutionner l'amour (épisode 8/8) », *LSD, la série documentaire,* France Culture.

Résumons : si l'amour entre l'homme et la femme fait mal, c'est parce qu'il serait le produit d'un ordre établi, qu'il faudrait renverser. Si l'amour est douloureux, ce serait parce qu'il serait un instrument d'assujetissement des femmes. Dans la relation « hétérosexuelle », l'amour serait le bras armé de la domination masculine. Le dossier de *La Déferlante*, est par ailleurs coordonné par la journaliste Victoire Tuaillon, productrice d'un podcast à succès sur ce même sujet intitulé « Le cœur sur la table », qui décortique l'amour, de ses difficultés modernes à ses nouveaux impératifs. « Dans un monde qui confond trop souvent amour, violence et dominations en tous genres, nous avons besoin de nouveaux modèles pour vivre des relations affectives plus profondes, et plus égalitaires, les un·e·s avec les autres », juge-t-elle. « Qu'est-ce qui pourrait sauver l'amour ? » chantait l'inoubliable Daniel Balavoine, dans un tube intemporel qui donne inlassablement envie de danser. Des professeurs de vertu répondent par l'instauration d'un égalitarisme strict, comme si « égalité » et « amour » n'étaient pas des oxymores au même titre que « servitude » et « liberté », « nécessaire » et « superficiel », « silence » et « bruit ».

Entendons-nous, ces théories ne sont pas échafaudées pour le plaisir de la connaissance, dans une démarche de recherche de vérité, ce sont les prémisses d'une lutte à mort : chaque argument vise à tailler une arme pour abattre l'amour entre l'homme et la femme. Ce ne sont plus les lois qui doivent être changées, mais les mentalités et les comportements, les reins et les cœurs qui sont sondés, sans ambivalence ni nuance. Pour les pourfendeuses de l'amour, il n'y a pas de lieu qui mérite d'être protégé des guerres politiques, pas de terrain qui mérite d'être sanctuarisé. Le moindre battement de cœur est un objet de lutte collective et la moindre aspérité individuelle devient suspecte. « Montre-moi comment tu vis, avec qui, tes factures et ta progéniture et je te dirai ce que vaut ton programme [1] », écrivait Régis Debray pour critiquer l'idéologie de la transparence. « Dis-moi qui tu aimes et comment tu couches, et je te dirai si ton amour est politiquement correct », pourrait-on paraphraser. Faites attention si, en tant que femme, vous aimez les hommes « virils » : on vous expliquera que vous avez érotisé la violence symbolique, que votre désir n'est que le signe d'un apprentissage réussi, inconscient, du très méchant « patriarcat ». Attention, si, en tant qu'homme, vous aimez les femmes puissantes, on trouvera tous les moyens de vous prouver le contraire, de vous montrer que vous

1. Régis Debray, *Nouveau Pouvoir*, Éditions du Cerf, 2017.

demeurez, malgré vos ressentis, un bourreau aux aspirations tyranniques, surtout si vous faites pipi debout. Attention, si vous portez en vous un goût puissant pour l'altérité sexuelle : vous serez soupçonné d'être sadique ou masochiste selon votre sexe. C'est au nom de cet « idéal de justice et d'égalité » que sévit avec de moins en moins de complexes une brigade de juges du cœur qui passent au peigne fin les relations amoureuses, pour sanctionner les fantasmes et les comportements peu glorieux. À ce titre, l'affaire Julien Bayou illustre avec éclat cette politisation de l'amour dont le corollaire est sa judiciarisation. En septembre 2022, cet ancien secrétaire national d'Europe Écologie Les Verts, promis à un grand avenir au sein du parti, doit démissionner de toutes ses fonctions avec fracas, empêtré dans des affaires de violence « psychologiques », portées par d'anciennes compagnes. Sans plainte déposée ni enquête judiciaire ouverte, une cellule interne au parti consacrée à la lutte contre les violences sexistes et sexuelles s'est auto-saisie après avoir reçu des témoignages d'« éco-féministes » qui affirment avoir gardé un traumatisme de leurs relations avec Bayou. Il est désigné, selon la députée écologiste Sandrine Rousseau qui dévoile l'affaire dans l'émission de télévision *C à vous*[1],

1. *C à vous*, France 5, 19 septembre 2022.

comme responsable de « comportements de nature à briser la santé morale des femmes ». Elle raconte avoir rencontré l'une de ses ex au fond du trou. « Au moment où j'ai reçu cette femme, elle était dans un état très déprimé, elle était très mal, elle a d'ailleurs fait une tentative de suicide quelques semaines après. » Quelle est la nature des accusations portées contre lui ? Des faits d'« emprise », d'« humiliation » et des « mensonges », soit rien de pénalement répréhensible. Si l'humanité suscite naturellement de l'empathie pour les victimes, dans son cas rien ne justifie la mise au ban de sa carrière. Voilà ce à quoi mène la politisation de l'intime et du privé : à sa judiciarisation, à la légitimation d'une justice parallèle, en dehors de tout cadre formel et de toute procédure au sens strict, à la mise en place d'un code de déontologie dans la sphère amoureuse. « Il me disait que je l'obnubilais, puis disparaissait, revenait, me faisait grimper sur les toits de Paris pour une soirée ô combien romantique sous les étoiles. Il me disait qu'il n'y avait qu'avec moi qu'il se sentait comme ça, qu'il n'avait jamais connu ça, puis il disparaissait de nouveau », regrette l'une de ses victimes, prénommée Agathe, dans une enquête journalistique consacrée au sujet[1]. Le comportement décrit est celui

1. Laury-Anne Cholez, « Affaire Julien Bayou : les femmes parlent », *Reporterre*, 25 octobre 2022.

d'un goujat, d'un mufle, d'un joueur qui ne s'illustre pas par une sincérité flamboyante, mais qui ne mérite pas d'être balancé avec « les porcs ». L'affaire Julien Bayou est un cas d'école de ce à quoi mène la judiciarisation de l'intime, de ses avancées et de ses risques, de cette terreur menée jusque sous les draps.

Encore une preuve que la révolution dévore ses enfants : Julien Bayou a grandi politiquement au sein de cette sensibilité de la gauche radicale qui tient à porter ce mouvement de politisation de l'intime. Celui-ci s'affirme le plus souvent dans une démarche de « convergence des luttes » socialistes, liant entre elles différentes contestations sociales pour maximiser leurs chances d'aboutir. Une corrélation est établie entre amour « hétérosexuel » et capitalisme. Comme si l'amour, en tissant du lien entre deux altérités, n'était pas le seul rempart objectif à l'égotisme exacerbé, à la toute-puissance de l'individualisme. La « révolution de la chambre à coucher » n'aspire pas à un changement de papier peint ou à la reconfiguration du lit marital dans l'espace dédié, cette révolution se veut comme une lutte communiste d'inspiration marxiste : « la domination masculine » qui subsiste dans l'amour est pensée comme l'exploitation d'un sexe par un autre. Chaque femme qui participe à l'amour hétérosexuel est une exploitée, chaque homme un exploiteur, indépendamment de tout ce qui pourrait les lier. L'alcôve qui réunit l'homme et la femme est définie comme un système d'oppression, le fruit d'un apprentissage injuste et d'un conditionnement. Cette appréhension des sexes masque mal la dérive totalitaire qu'elle porte en germe, qui s'emploie à traquer la liberté jusque dans l'intimité des sentiments, les amours tordus, imparfaits, marginaux, légitimer la tyrannie des amours scandaleux, la culpabilisation des comportements amoureux au nom d'un égalitarisme forcené entre les sexes. Le sentiment suprême, transgressif par excellence, est appelé à se retrancher dans les rangs du politiquement correct, à se conformer aux nouveaux impératifs moraux qui nient la distinction des sexes et leur aspiration à s'unir. Vous êtes un homme qui aime une femme, une femme qui aime un homme ? Vous n'êtes pas assez libéré des chaînes du patriarcat, vous n'avez pas suffisamment conscience des conséquences de votre apprentissage et de votre soumission. Pour cette vague de féministes, infiniment mieux loties que nos mères et nos grands-mères, le plus insignifiant événement de l'expérience amoureuse peut constituer une infraction morale.

Bien sûr, ces considérations idéologiques écrasent les désirs singuliers, les aspirations primaires, elles n'appréhendent la personne humaine que comme l'élément d'un groupe homogène. Les libertés individuelles sont jetées aux oubliettes, sans parler de la nature qui dicte ses lois chez tous les mammifères et qui pousse à aimer, toujours de façon imparfaite. La politisation de l'intime veut faire croire que tout dans l'amour serait une affaire de norme et de construction sociale, de conditionnement et d'apprentissage. Ces militantes affirment que tout dans l'amour hétérosexuel est une affaire de lutte, de pouvoir, d'intérêts contraires et d'oppression, au point de nécessiter de légiférer davantage, de conscientiser davantage, de changer les « normes ». Les comportements majoritaires sont infiniment problématiques aux yeux de nos nouveaux moralistes : prenons le concept de *Romance Gap*, décrit dans la presse comme « un fléau au sein de la jeune génération », distinct en fonction des sexes. De quoi est-il question ? Des différents stades de l'amour dans un couple ? Non ! Des comportements amoureux qui sont « genrés », c'est-à-dire qui dépendent du fait que l'on soit un homme ou une femme. Une large étude[1], menée auprès des jeunes adultes de moins de 30 ans, s'alarme des comportements amoureux différents selon que l'on soit une fille ou un garçon. « Bien que 85 % des personnes interrogées dans plusieurs pays européens affirment que l'égalité est importante dans les rencontres et les relations, la grande majorité (74 %) pense qu'en matière de relations amoureuses,

1. Commandée par l'application de rencontre Bumble et exécutée par YouGov, 9 mars 2022.

les attentes et les comportements attendus sont différents selon l'identité sexuelle. Cela crée un *Romance Gap* dans la façon dont nous percevons les comportements des hommes et des femmes dans les rencontres et les relations amoureuses », regrette l'étude. 52 % des interrogés considèrent que, dans une relation, c'est à l'homme de prendre les devants, 43 %, qu'il doit gagner plus d'argent que les femmes. Des chiffres jugés « décourageants », qui nécessitent un « travail d'éducation pour les générations futures ». Horreur : malgré le matraquage idéologique quotidien, les Français demeurent rétifs à l'homogénéisation des sexes, les femmes – ces créatures perçues comme crédules et sans cesse méprisées – persistent à éprouver du plaisir dans la protection (symbolique) des hommes qui les courtisent. Des études découvrent la lune pour la pointer du doigt, alors que les arts s'emploient à la chérir depuis la nuit des temps, comme pour offrir une nouvelle preuve tangible de la progression de l'esprit chagrin.

Soyons francs : l'égalité et l'amour sont des oxymores et ce, quel que soit le sexe des amoureux. Que l'on soit hétérosexuel ou homosexuel, par nature l'amour n'est pas égalitaire. Il est ce qui foule aux pieds les injonctions morales, les conventions sociales et l'esprit de calcul. Il est le lieu de l'acceptation par excellence, un lieu de pouvoir vertueux, en ce qu'il implique un désir et un plaisir d'assujettir et d'être assujetti, il révèle quelque chose de notre intimité, de nos contradictions et de nos failles, de notre désir de pouvoir, qui n'est pas assigné à résidence sexuelle. L'amour naît d'une différence, d'une tension parfois violente, et peut s'accomplir dans une forme de transgression des interdits sociaux et culturels et des normes imposées. Il naît d'une inégalité qui n'est pas sexuée, où celui qui aime le plus est toujours à la merci de celui qui aime moins, mais où les rôles ne sont pas cantonnés au sexe et peuvent changer au cours de la relation. L'amour, surtout celui qui est passionné, se nourrit de fascination et d'ascendance, il est à la fois antimoral et scandaleux.

Bien sûr que le social n'est pas complètement absent de la relation amoureuse – tout comportement est une affaire qui s'inscrit dans un cadre politique et historique – mais il ne peut y être réduit. Et l'intime est le lieu par excellence qui mérite de faire pencher la balance en faveur de la singularité, de l'individualité. Chercher l'égalitarisme jusque dans les cœurs revient à programmer leur disparition. L'amour doit être protégé de la guerre des idées, mis à l'abri des combats idéologiques, des appels au redressement, il est une affaire intime qui mérite d'être sanctuarisée, qui doit demeurer une oasis, un terrain neutre, un espace protégé, face auquel chacun devrait déposer les armes pour y planter un drapeau blanc.

Chercher l'égalité parfaite dans une relation amoureuse revient à chercher une aiguille dans une meule de foin. Croire pouvoir le défaire de son caractère fondamentalement rétif à toute logique et scandaleux, au profit d'une lecture rationaliste et précautionniste, est une entreprise chimérique. De même que les instruments de mesure, les variables étudiées ne peuvent être qu'imparfaites : nombre de mariages, fréquence des rapports sexuels, temps passé sur les applications de rencontre… Des chiffres qui disent des généralités comme les instituts de sondage dressent une cartographie des votes à l'issue des élections. Or, les lois du cœur sont irréductiblement anarchistes. Mais alors, me direz-vous, argumenter la dépolitisation de l'amour, n'est-ce pas une façon de le politiser ? C'est fort possible. Mais lorsque vos adversaires prennent les armes, même lorsque vous professez la non-violence, vous avez tout à perdre à vous boucher les oreilles. *Si vis pacem, para bellum*[1], dit la locution latine, utilisée à maintes reprises dans l'histoire comme doctrine de guerre. De même, pour défendre l'amour, il peut être nécessaire d'aller à l'affrontement. Il peut devenir nécessaire d'appeler à la dépolitisation de l'amour par une forme de politisation.

1. « Si tu veux la paix, prépare la guerre. »

L'amour ne peut être appréhendé comme un fait politique comme un autre : il ne peut être ausculté comme un rat de laboratoire, cantonné à des variables, pensé à partir d'instruments de mesure scientifiques. L'amour est toujours une exception et ne peut être appréhendé comme un phénomène collectif par sa seule dimension politique, ou comme un objet sociologique à part entière, à partir d'une lecture littérale. « La littérature est un caillou dans l'esprit de système[1] », considère le philosophe Alain Finkielkraut, qui défend la supériorité de la fiction narrative sur l'idéologie. De la même façon, l'amour est le caillou dans la chaussure de l'esprit de système, l'élément qui échappe à toute organisation mécanique, qui peut faire vaciller la machine. Raison pour laquelle, depuis la nuit des temps, les poètes et les romanciers, hommes et femmes, sont les mieux armés pour décrire l'amour, bien mieux que les sociologues, les politicards et certains philosophes matérialistes. Certains philosophes, mais pas tous : l'Américain Allan Bloom[2], par exemple, reproche justement à Sigmund Freud d'analyser les

1. Alain Finkielkraut, « La littérature a cessé d'éduquer les sensibilités, de façonner les âmes », *Le Figaro*, 8 septembre 2021.

2. Connu en France pour son œuvre majeure *L'Arme désarmée*, réédité en français aux Belles Lettres, 2018.

« passions de l'âme » avec ses œillères de médecin et de ne rien comprendre à ses propriétés fondamentales. Pour lui, l'amour étudié comme objet scientifique ne peut être qu'une vaine aspiration. « Les parties les plus secrètes et les plus intéressantes de notre corps et de nos âmes sont exposées sur une table d'opération », regrette-t-il. Or « l'expérience en laboratoire et l'étreinte passionnée ne vont pas bien ensemble ; leurs dévots ne se ressemblent pas, le savant avec sa méthode qui désenchante, l'amant qui a l'art d'enchanter ». « La pire distorsion de toutes, écrit-il au cours de la dernière année de sa vie, est de transformer l'amour, relation fondée sur la douceur naturelle, le soin mutuel et la contemplation de l'éternité dans les enfants qu'on a ensemble, de transformer cette relation en une lutte de pouvoir[1]. »

L'amour, sentiment complexe, multi-causal, au cœur d'une infinité de disciplines (psychologie, sociologie, politique, etc.), d'une histoire familiale et d'une trajectoire de vie, ne peut être appréhendé comme un objet scientifique à part entière. Des spécialistes avec des insignes de partis politiques accrochés à leur blouse blanche devraient cesser d'essayer de le métamorphoser en assénant leurs délires idéologiques : c'est peine perdue. Des

1. Allan Bloom, *L'Amour et l'Amitié*, Éditions de Fallois, 1996.

spécialistes de toutes disciplines tentent de l'ausculter pour en sortir des variables. Les sciences dures le réduisent à un cocktail d'hormones, et les sciences humaines l'appréhendent comme un fait social total, pour justifier une démarche militante dont l'objectif est de le dénaturer. Cantonné à des études de sciences humaines, l'amour ne peut être soumis à des lectures réductionnistes : circonscrit à des variables objectives et fonctionnelles, appréhendé *via* une méthodologie forcément imparfaite, par le prisme de phénomènes collectifs, pris à bras-le-corps par la statistique. Un réductionnisme qui n'est pas innocent : le politiser, c'est l'appréhender comme un objet de clivage et de lutte. Réduire l'amour à un fait politique et à des variables, le quantifier, n'a pas vocation à établir un diagnostic par amour de la connaissance, mais à le transformer en champ de bataille et, *in fine*, à le soumettre à de nouvelles morales. Dans la plus pure tradition politique qui implique une négation des aspérités individuelles, de la force du libre arbitre, de l'implication d'éléments biographiques et de la protection de l'intime. Voilà de nouvelles vigies qui appellent à revendiquer de le sortir de son enchantement, de ses illusions, à départager l'amour politiquement correct d'un autre qui ne l'est pas.

Ce travers de la quantification des choses n'est pas spécifique à la sphère de l'amour et du désir. « Au commencement était le Verbe, il semble qu'à la fin tout doive devenir nombre. [...] Là où étaient les mots, les chiffres adviennent[1] », regrette Olivier Rey, dans un essai critique de l'omnipotence statistique. Le philosophe et mathématicien démontre « l'importance exorbitante prise par les nombres au sein de notre civilisation », alerte sur la fétichisation du chiffre, la réduction de domaines divers à des données quantitatives. Animé par la soif légitime de mieux comprendre un monde en profonde mutation, l'homme moderne s'est armé d'une infinité d'outils de mesure pour tout quantifier, évaluer, mesurer. Au cours de la première moitié du XIXe siècle, particulièrement, les savants ont façonné cette tendance devenue reine qui consiste à ranger des existences singulières dans des catégories générales. Le travail est évalué à partir de la courbe du chômage, l'éducation à partir d'un rang au classement du programme PISA, l'art, un vaste marché où la valeur se confond à la cote fluctuante. « Au fur et à mesure que le monde se modernisait, désenchanté par la science, aménagé par la technique et mis en coupe réglée par la grande industrie et le souci du rendement, le prestige de l'art

1. Olivier Rey, *Quand le monde s'est fait nombre*, Stock, 2016.

ne cessait d'augmenter : l'art apparaissait comme le dépositaire de tout ce qui en l'homme ne trouvait pas son compte dans le monde courant », considère le philosophe. L'amour non plus ne trouve plus sa place dans le monde courant : il n'échappe pas à ce réductionnisme qui prend le prétexte de le quantifier, pour le calibrer et le domestiquer. Récurrence de l'activité sexuelle, mixité dans les couples, prédominance de l'hétérosexualité, pourcentage d'addicts aux sites de rencontres, taux d'infidélités, taux de divorces, nombre d'enfants nés hors mariage : que disent ces chiffres de l'amour, de la rencontre de l'être aimé, de cet instant d'éternité en compagnie de celui ou celle qui, à vos côtés, change la face du monde ? Bien peu de choses. À ceux qui veulent régenter l'intime, il est temps de dire : « Sortez de notre chambre à coucher ! »

2

La chasse au masculin

« On a toutes besoin d'un super héros.
Celui qui saura m'tirer vers le haut. »
Aya Nakamura, *Super-héros*

« Le mâle est un accident biologique : le gène Y (mâle) est un gène X (femelle) incomplet, ce qui signifie qu'il a un jeu de chromosomes incomplet. En d'autres termes, le mâle est une femelle imparfaite, un avorton ambulant expulsé au stade génétique[1]. » Avec ces mots, Valérie Solanas, New-Yorkaise auteure d'un pamphlet violemment misandre écrit en 1968, fit sensation. Son appel à l'éradication du sexe masculin fascine des générations de féministes radicales, qui y voient la théorisation d'un fantasme, un manifeste de lutte politique. Solanas, qui a tenté d'assassiner Andy Warhol, devient

1. Valerie Solanas, *SCUM Manifesto*, Olympia Press, 1967.

l'icône d'une puissante offensive anti-hommes et attire des générations d'adeptes auprès de qui, dans le sillage de l'affaire #MeToo, ses écrits trouvent un écho particulièrement favorable. Le temps passant, un véritable fan-club s'agrège autour de sa lutte et vante les qualités de son brûlot. Il ne s'agit plus de quelques provocatrices biberonnées au ressentiment, mais de hordes de revanchardes qui ont décidé de faire payer le sexe masculin par tous les moyens. Elles sont nombreuses, désormais, à se donner pour mission de soumettre ceux qui ont soumis, de leur rendre la monnaie de leur pièce à l'échelle de l'histoire, de reproduire sans fin le schéma de la guerre des sexes plutôt que de s'employer à y mettre un terme. Reproduire de vieux clivages dépassés, rétablir un système d'oppression sexué, justifier la haine de l'homme de toutes les façons possibles, tel est leur but. Coupable de siècles de domination sur la femme, le bourreau d'hier devient le bouc émissaire d'aujourd'hui, une victime expiatoire que l'on accuse de tous les maux avant de la sacrifier. Au temps du temple de Jérusalem, la fête de Yom Kippour était une occasion pour le grand prêtre de tirer au sort un bouc qui prenait symboliquement sur lui toutes les fautes du peuple hébreu, avant d'être offert en sacrifice sur l'autel. Aujourd'hui, ce bouc pourrait avoir le visage de l'homme universel et le prêtre, celui, grimaçant, des filles spirituelles de Solanas.

Insensibles au climat largement égalitaire dans lequel nos générations ont eu la chance de naître, ces Amazones se sont passé le mot pour accuser l'homme moderne de tous les vices, dans la plus totale impunité. Dans une lecture du monde binaire, monocausale, le voilà responsables du réchauffement climatique, du trou dans les caisses de l'État[1] et même du *caca shaming*, un « véritable phénomène social qui en dit long sur les constructions de genre » selon *Terrafemina*, qui le considère comme « l'une des premières formes de distinction entre les sexes », au détriment des femmes, qui consiste en cette honte intériorisée de la grosse commission. Le climat sexiste est traqué dans la langue, avec des revendications qui concernent le changement des règles, car pensées et régentées par des hommes. Il faudrait rendre « femmage » plutôt qu'« hommage » et utiliser une écriture inclusive, qui consiste à charcuter les règles élémentaires de grammaire basées sur l'universalité du masculin, pour « réduire les inégalités dans le langage », en

1. Lucile Peytavin, *Le Coût de la virilité*, Anne Carrière Éditions, 2021.

des temps où l'illettrisme progresse à la vitesse de la lumière.

Le rejet du masculin figure parmi les discriminations les plus tolérables et les plus autorisées, parce qu'il trouve chaque jour de nouvelles légitimations. Comme le terrorisme ou la criminalité peuvent faire l'objet d'explications socioculturelles, être présentés comme une réponse à la ghettoïsation, la discrimination et la pauvreté, la misandrie trouve sa justification dans la misogynie et bénéficie d'une exceptionnelle culture de l'excuse qui permet un déchaînement d'accusations invraisemblables sans le moindre risque. Ces Amazones veulent criminaliser le masculin dans son essence, accabler son identité sexuelle profonde, jusque dans ses hormones. Il est question de le tordre, de le nier dans ses aspirations primaires, de le dénaturer pour en faire autre chose, de plus lisse et politiquement correct. Une appréhension des événements purement holistique, qui ne questionne jamais la singularité des parcours et le poids de la liberté individuelle. Comme si un cœur masculin n'avait jamais abrité la moindre douceur, comme s'il était incapable d'aimer et qu'il ne méritait pas de l'être. Comme s'il n'était pas aussi capable des plus grandes qualités, de générosité, de compréhension ou d'empathie. Essentialisé à son sexe, l'homme moderne est appelé à se flageller toujours davantage pour espérer gagner son droit d'exister ; il est appelé, selon le terme issu de la sociologie popularisé par Jacques Derrida, à se « déconstruire », comme un meuble IKEA monté à l'envers. Tels une chaise, une table ou un canapé, l'homme devrait être démonté de l'intérieur puis remonté selon un autre ordre, une autre logique, pour gagner son droit à exister librement. Or l'obsolescence de l'homme ne signifie pas une quelconque victoire de la justice des temps, mais le début de nouvelles problématiques éminemment métaphysiques. Par exemple : à qui demandera-t-on de porter les valises lors des départs en vacances ? Qui nous protégera des cambrioleurs et des angoisses existentielles ?

Stigmatiser les hommes n'est pas un problème pour certaines instances féministes reconnues par l'État, comme si la défense de la femme pouvait justifier la haine des hommes. « Un homme sur deux ou trois est un agresseur [1] », affirmait fièrement Caroline De Hass, cofondatrice du mouvement Osez le féminisme, ancienne conseillère de la ministre Najat Vallaud-Belkacem. Affirmer que 50 % d'entre eux sont violents est factuellement faux, mais cela ne mange pas de pain : personne n'osera dire le

1. Caroline De Haas, « Un homme sur deux ou trois est un agresseur », *L'Obs*, février 2018.

contraire, de peur d'être assimilé aux meurtriers. Viols, agressions, harcèlement ne seraient pas des comportements individuels, l'expression de choix condamnables d'un petit groupe de criminels, mais des mouvements de fond inhérents au sexe masculin. Pour preuve, l'existence supposée de la « culture du viol », concept à la mode aux allures d'arme militante, qui entend identifier dans une culture donnée un continuum entre les formes « subtiles » et « concrètes » de la domination masculine, entre les comportements ordinaires et la violence physique, entre un brin de galanterie et un viol. Dans le même esprit de nuance et modération a été publié en grande pompe *Moi les hommes je les déteste*[1], opuscule d'une certaine Pauline Harmange, jusqu'alors inconnue au bataillon, rapidement traduit en plusieurs langues. « Il y a eu des articles dans le *Guardian*, dans la presse chinoise, au Brésil. Et chaque jour arrivent des demandes d'éditeurs et journalistes étrangers pour lire le livre[2] ! », se réjouissaient les éditeurs au moment de la sortie. Avec la finesse d'une sulfateuse, l'auteure accuse les hommes d'être des ordures, d'être « médiocres » et « violents », de

1. Pauline Harmange, *Moi, les hommes, je les déteste*, Seuil, 2020.

2. Nicolas Gary, « Censure ratée : Le Seuil rachète le livre *Moi les hommes, je les déteste* », ActuaLitté, septembre 2020.

croire « tout savoir » en plus de « couper la parole ». Sans scrupule, celle qui affiche fièrement dans ses photos une broussaille de poils sous les bras se réjouit de cogner sur le sexe opposé. « Je vois dans la misandrie une porte de sortie. Une manière d'exister en dehors du passage clouté, une manière de dire non à chaque respiration. Détester les hommes, en tant que groupe social et souvent en tant qu'individus aussi, m'apporte beaucoup de joie – et pas seulement parce que je suis une vieille sorcière folle à chats », assure l'auteure. La violence du verbe est telle qu'un fonctionnaire zélé du secrétariat à l'Égalité hommes-femmes demande à la maison d'édition le retrait du livre qu'il qualifie d'« appel à la haine », sous peine de poursuite judiciaire. Menace qui, de façon prévisible, donne un coup de projecteur inédit à l'opuscule selon la logique de l'effet Streisand, du nom de la chanteuse et actrice américaine, qui veut qu'une tentative avortée de cacher une information peut, au contraire, lui garantir une large exposition médiatique. Dans la même veine, Alice Coffin, identifiée aussi comme féministe et écologiste, appelait à tirer à boulets rouges sur l'autre sexe dans un pamphlet[1] anti-homme sous couvert de solidarité féminine. « Il ne suffit pas de

1. Alice Coffin, *Le Génie lesbien*, Grasset, 2020.

nous entraider, il faut, à notre tour, les éliminer. Les éliminer de nos esprits, de nos images, de nos représentations, martelait-elle, confiant boycotter toutes les œuvres créées par les hommes. Je ne lis plus les livres des hommes, je ne regarde plus leurs films, je n'écoute plus leurs musiques. » Adieu Zola, Hugo et Dostoïevski, coupables de porter un pénis et de sécréter de la testostérone, bonjour Valérie Solanas, auteure d'une tentative de meurtre et présentée comme une sainte pour son appel révolutionnaire à éradiquer le sexe opposé !

Hélas, cette chasse à l'homme n'est pas menée uniquement dans des ouvrages obscurs, par une poignée d'« ultras » invitée sur les plateaux de télévision pour exciter les foules, elle se mène aussi dans le vocabulaire courant avec la vulgarisation de concepts brouillons qui se donnent des airs scientifiques, pour mieux empêcher toute critique de bon sens. Ainsi advint celui de « masculinité toxique », qui se répand comme une traînée de poudre dans les articles de psychologie de comptoir, mais pas seulement. Ce concept renvoie à certains comportements que les hommes auraient acquis par conditionnement et dont ils devraient s'émanciper. Le terme « toxique » insiste sur sa nocivité sur l'organisme, qui pourrait même, à partir d'une certaine quantité, devenir une menace vitale. Pour s'en défaire, il faudrait que l'homme se « dévirilise », qu'il se débarrasse de ses instincts, ses pulsions, son désir. La plupart des auteurs des tueries de masse sont des hommes, donc le sexe fort peut être raisonnablement associé aux tueurs et aux psychopathes, ce qui justifie une reprogrammation collective. Bien entendu, les héros, les sauveurs, les résistants, les gentils maladroits, les généreux et les protecteurs, tous ceux qui s'opposent à la barbarie du monde, sont invisibilisés dans cette logique propre à l'idéologie, qui ne met en lumière, sous couvert de neutralité, que ce qui permet d'asseoir leur idéologie. Pas un mot de la part de nos misandres en chef, si promptes à scruter les comportements masculins, le 8 juin 2023 par exemple, lorsque Henri d'Anselme, jeune homme de 24 ans, s'interpose au risque de sa vie lors de l'attaque au couteau d'Annecy. Ce jour-là, un demandeur d'asile syrien s'attaque à des enfants dans les fameux jardins de l'Europe, avant que celui que l'on surnomme « l'homme au sac à dos » l'affronte et permette son arrestation. Pas un mot, non plus, lorsque le lieutenant-colonel Arnaud Beltrame sacrifie sa vie en mars 2018 en sauvant une femme lors d'une prise d'otage terroriste. Lui s'était proposé comme otage en échange de la libération de l'hôtesse de caisse dans le *Super U* de Trèbes, avant que le terroriste ne le tue en lui tranchant la gorge.

Pour nos inquisitrices, le sacrifice des hommes ne vaut pas la peine d'être reconnu, ni les inégalités et la pénibilité qu'ils subissent dans le monde du travail pourtant bien documentées[1]. « Si les hommes occupent en majorité les postes de direction, ils exercent aussi l'ensemble des métiers pénibles. Ils représentent 97 % des conducteurs de poids lourds, 98,5 % des ouvriers du bâtiment, et 97 % des ripeurs, 92 % des livreurs de plateformes, 87 % des opérateurs de grue, 98 % des pêcheurs en haute mer… », rapporte Aziliz Le Corre dans *Le Figaro*. Ils portent, conduisent, prennent des risques physiques, bien davantage que les femmes, ils meurent aussi plus tôt, mais qu'importe, ils demeurent considérés comme des dominateurs privilégiés. Ainsi, le 17 juin 2023, les Amazones et consorts lancent une fatwa sur le chef de l'État parce qu'il a osé fêter à sa façon la victoire en finale du championnat de France de rugby. Ce soir-là, dans le vestiaire du Stade Toulousain, Emmanuel Macron boit cul sec et au goulot une bière Corona, devant des caméras de la télévision qui diffusent la scène. Quelle erreur de communication ! Quelle terrible image montre-t-il aux yeux du monde !

1. Aziliz Le Corre, « En Occident, ces inégalités dont les hommes sont victimes », *Le Figaro*, 25 mars 2023.

L'anecdote fait scandale : Emmanuel Macron ose boire d'un trait sa bière devant les sportifs pour amuser la galerie. L'événement panique la députée écologiste, Sandrine Rousseau, vigie éminente du néoféminisme. « La masculinité toxique dans le leadership politique en une image », regrette-t-elle sur Twitter. Boire cul sec serait un comportement masculin compétitif, une façon de montrer qu'on est un homme, un vrai, qui boit vite un alcool de mec, et cet acte seul illustrerait toute la problématique de la masculinité toxique. Quelques mois plus tôt, à l'occasion des journées d'été d'Europe Écologie les Verts, un autre comportement intolérable était déjà dans son viseur. « Il faut aussi changer de mentalité pour que manger une entrecôte cuite sur un barbecue ne soit plus un symbole de virilité », avait-elle déclaré avec un sérieux remarquable. Comme on pouvait s'y attendre, nombre de femmes ont pris un malin plaisir à répondre à ses deux assertions, les premières pour s'enorgueillir de leur rapidité d'absorption de boissons alcoolisées, les secondes pour vanter leur goût de la viande fraîche, remarquant souvent qu'il ne serait venu à personne l'idée de dénoncer une « féminité toxique », qui pourtant mériterait d'être étudiée.

Le poids de ces accusations finit par peser lourd sur certains hommes, de sorte qu'ils en arrivent à se questionner et à chercher la rédemption d'un mal dont ils n'avaient jusqu'alors pas conscience. À leur écoute, certains sites proposent de mesurer l'ampleur du trouble pour mieux s'en défaire, c'est le cas de GentlemanModerne.com, un site qui propose gracieusement un test pour calculer son taux de masculinité toxique. Si vous jugez qu'il n'est pas nécessaire de pleurer devant les autres, que la forme physique et musculaire est importante pour un homme, qu'il doit pourvoir aux besoins de sa famille, alors vous êtes « la définition même de la masculinité toxique ». Si vous cochez toutes ces cases, alors vous reproduisez tous les codes d'une société patriarcale qui vous a conditionné à dominer sans vous en rendre compte et vous avez en vous l'ADN d'un violeur. Épris de générosité, le rédacteur vous prodigue néanmoins moult remèdes astucieux pour guérir de cette tare. Il vous conseille d'investir dans un travail de développement personnel, d'écouter des podcasts de propagande qui vous donneront les clefs pour vous défaire de vos fausses croyances, d'en parler avec « des professionnelles de la psychologie et de la sociologie » et de participer à des groupes de parole. En effet, pour rééduquer les êtres porteurs de pénis, des éducateurs moraux ont mis en place des stages de déconstruction, auxquels il est possible de s'inscrire après quelques clics sur Internet.

Avec un sens du volontarisme professionnel hors du commun, un journaliste de l'hebdomadaire *Le Point*, accompagné d'un dessinateur, a ainsi assisté incognito à un de ces « stages immersifs » de quarante-huit heures, dont l'objectif est précisément de se débarrasser de cette « masculinité toxique »[1]. Un stage organisé à Grenoble par une association parrainée par la municipalité, dont la couleur est annoncée sur la plaquette de l'événement : « outiller les participant·e·s sur les enjeux actuels du genre, afin de pouvoir déconstruire les différents mythes de la virilité, de la domination masculine et des violences inhérentes au patriarcat » et « conscientiser les hommes sur le modèle de masculinité dominant, les représentations et stéréotypes liés à ce dernier ». Au sein d'un groupe de parole, des hommes de 30 à 40 ans, pleins de bonne volonté, soucieux de tailler leur pierre, de devenir des êtres meilleurs, cherchent à évacuer le mal qui sommeille en eux. Frappés par ces multiples attaques, sensibles au discours qui les accablent quotidiennement, ces bons élèves assument une

1. Romain Gubert et Morgan Navarro, « Nous avons testé pour vous : la déconstruction masculine », *Le Point*, 19 mai 2023.

complète docilité vis-à-vis des codes du néoféminisme. Au cours d'une séance racontée dans le reportage, les participants doivent piocher dans un tas deux cartes qui mettent en avant des stéréotypes, puis en débattre. « Laisse, c'est moi qui paye » ; « Un garçon, ça ne pleure pas » ; « La pilule, c'est une affaire de femme » ; « On ne le fait pas assez souvent » ; « Je ne lui ai pas fait mal » ; « Le rose, c'est pour les filles », etc. Chaque énoncé est l'occasion d'une confession, d'un regret avoué à moitié pardonné, qui ouvre le chemin vers la rédemption. L'un des participants confie sa faiblesse, vouloir souvent payer les consommations lors du premier rendez-vous avec une femme, une façon de se sentir plus fort, regrette-t-il, et qu'il assimile désormais à un terrible abus de pouvoir. Un autre se vante de partager la charge contraceptive avec sa compagne, il utilise un slip toulousain qui « chauffe les testicules et bloque la production de spermatozoïdes ». Autre séance : sur un tableau blanc sont notés tout un tas de concepts à étudier, notamment la « masculinité hégémonique », la « masculinité complice », etc. Au fond, la réunion s'apparente à une séance d'autoflagellation et de mortification telles que celles racontées dans le roman *Da Vinci Code*[1], où il est

1. Dan Brown, *Da Vinci Code*, JC Lattès, 2004.

question d'expulser par la contrition le Satan qui sommeille en soi. La séance décrite a des similitudes avec ce que conte l'écrivain américain Dan Brown dans ce roman à succès, ces séances d'autoflagellation du moine membre de l'Opus Dei, présenté comme une secte catholique et hostile à Vatican II, qui – dans son roman – sanctifie l'expiation des péchés par la douleur physique. Les stages de déconstruction masculine ont tout à voir avec les pratiques des fanatiques religieux, où des esprits fragiles endoctrinés par des gourous se croient frappés d'un mal profond qu'il faut mater en usant de techniques extérieures, la rééducation psychologique dans le premier cas, la rééducation physique dans le second.

Et c'est dans ce contexte de furie antimasculine, alors que les hommes eux-mêmes en arrivent à sentir peser sur eux le poids du péché mortel, que prospèrent les attaques contre l'amour entre l'homme et la femme. L'attirance pour l'autre sexe serait dangereuse et s'en libérer serait le dernier degré d'émancipation de la femme : les inquisitrices misandres sont toujours plus nombreuses à vouloir régenter ce qu'elles nomment avec mépris « hétérosexualité ». Elles se servent d'une poignée de prédateurs sexuels pour pointer la masculinité et culpabiliser le sentiment amoureux entre l'homme et la femme. Dans une vision quasi complotiste du monde, éminemment essentialiste, des néo-puritaines veulent régenter cette part de mystère qui lie les êtres entre eux et qui est à l'origine de l'humanité. C'est ce dont s'inquiétait de manière prémonitoire le magazine *Causeur*, en juillet 2018, qui titrait sa couverture d'été : « L'amour après Weinstein ; malaise dans la libido ». Dans l'éditorial d'ouverture, Élisabeth Lévy, la patronne du journal au caractère de feu, s'inquiétait de l'arrivée d'une « police de la braguette » qui pénalise le désir, la sexualité et l'amour, dont les lois sont par définition obscures.

Cette police de la braguette n'a pas tardé à apparaître, notamment avec les travaux de la papesse du néo-féminisme, Mona Chollet. Elle ne s'inquiète pas le moins du monde des dérives de la révolution *MeToo*, elle applaudit au contraire ses conséquences et « sa logique de remise en question de tous les aspects des relations entre les femmes et les hommes ». Journaliste, cheffe d'édition au *Monde diplomatique*, elle s'est fait connaître du grand public en 2018 avec la publication de *Sorcières, la puissance invaincue des femmes*, un essai vendu à plus de 250 000 exemplaires à ce jour, qui décrit la chasse aux sorcières dans l'histoire comme l'expression d'une haine misogyne. Trois ans plus tard, en 2021, également aux éditions La Découverte, elle publie *Réinventer l'amour, comment le patriarcat sabote les relations hétérosexuelles*, essai dans lequel elle s'attelle à avilir ce sentiment sublime qu'elle juge façonné par des siècles de domination de l'homme sur la femme. Dans une lecture toute personnelle des œuvres classiques et modernes, des contes de fées aux *love stories* contemporaines, elle juge l'amour comme une « illusion d'oasis » des rapports sociaux, qu'elle aurait débusquée, hélas, bien tardivement. Comme Néo dans le film *Matrix*, lorsqu'il ingurgite la « pilule rouge » qui lui donne accès au monde réel, elle aurait découvert le pot aux roses en digérant ses concepts féministes et en revisitant rétrospectivement toute son histoire affective sous ce nouveau prisme. C'est ainsi qu'elle aurait soudainement compris combien notre imaginaire amoureux serait fondé sur « l'infériorisation de la femme » et combien il serait nécessaire d'entreprendre une révolution pour le changer de fond en comble. Déplorant « cet aplomb masculin à toute épreuve », elle lance un appel à désarmer « le patriarcat » coupable de l'injustice amoureuse, à abattre « nos représentations romantiques » qui seraient « construites sur la sublimation de l'infériorité des femmes ». « Le modèle actuel de l'amour hétéro ne fonctionne que lorsque les femmes ferment leur gueule », résume-t-elle, dans un entretien à *Libération*. Pour elle, l'amour n'a qu'une victime : la femme, et qu'un bourreau, vous l'avez compris. Il convient de détricoter l'amour tel que l'humanité l'a toujours conçu, de le libérer de cette logique sexiste qui l'emprisonne et structure nos imaginaires. C'est tout juste si l'épopée ne revendique pas un fond messianique.

Avec Mona Chollet, d'autres belles âmes insinuent aussi que l'amour entre les sexes est le fruit d'un rapport de force exclusivement profitable à l'homme, et sa subsistance dans l'histoire, la résultante d'un attrait féminin arriéré et masochiste auquel elle aurait été conditionnée. La relation entre l'homme et la femme ne ferait que reproduire une logique de dominant et de dominée, où les deux sexes seraient assignés à résidence *ad vitam aeternam*. Les deux sexes ne seraient dans l'amour que des perroquets, programmés à répéter des règles fomentées par l'être porteur de pénis pour maintenir sous sa coupe le sexe faible. Une vision de l'amour « hétéro » sacrément manichéenne, stéréotypée dirions-nous, si nous étions taquins, parfaitement cohérente avec l'esprit du temps, où la souffrance de la femme est mythifiée, quand sa force et sa puissance dans l'amour avec les hommes sont invisibilisées et où la douleur masculine semble n'avoir jamais existé. Une théorie frappée du sceau de l'idéologie qui résiste peu au réel, à la vie, à la littérature qui la décrit, à toutes les histoires qui nous entourent au quotidien.

De tout temps, la femme a infligé à l'homme pertes et fracas, l'a bousillé, rabaissé, utilisé, et, par-dessus tout, l'a fait souffrir sans scrupule. De tout temps, la femme a pu manipuler, obtenir, se servir de l'amour des hommes pour arriver à ses fins. De tout temps, les hommes ont souffert par amour pour les femmes. Ils leur ont écrit des poèmes, des romans, des sérénades pour daigner susciter un peu de leur attention, se sont pliés en quatre pour leur faire plaisir et entrevoir un semblant de reconnaissance dans leurs yeux. Les Chollet et consorts ignorent superbement, et sans nul doute à dessein, ceux qui sont largués comme des bouses, ceux qui trinquent et qui se perdent dans l'aventure amoureuse, sans réussir à obtenir la satisfaction de leur bien-aimée. Combien d'amoureux éconduits, de suicidés, combien d'estropiés de la vie après un amour déçu ? Selon une étude des chercheurs de l'université de Lancaster, publiée en octobre 2021 dans le *Journal of Social and Personal Relationships*, ils seraient d'ailleurs plus nombreux que les femmes à souffrir des ruptures, parce qu'ils n'en sont bien souvent pas les initiateurs. Puisqu'ils sont davantage largués, ils sont aussi ceux qui, le plus souvent, doivent accepter une décision qu'ils n'ont pas prise et le payent cher émotionnellement.

Cet aveuglement idéologique infiniment réducteur nie la part de douleur en amour qui revient aussi à l'homme. Lui aussi a payé et paie un tribut en amour, en plus de l'avoir fait dans le passé dans les tranchées et au front comme chair à canon. Lui aussi porte parfois à bout de bras la relation, est capable de placer l'amour au centre de sa vie. « Je passe mes journées à écouter la vie sexuelle des Français dans le cadre de mes consultations et, depuis mon poste d'observation, mon amour pour les hommes ne cesse de grandir. Ce que l'on dit d'eux est faux [1] », raconte la sexologue Thérèse Hargot, qui confie accueillir souvent dans son cabinet des hommes cabossés par l'amour. « Les corps, les cœurs, les imaginaires des hommes sont aussi blessés, voire certainement plus encore que ceux des femmes », considère-t-elle. Si les ruptures, les trahisons et les infidélités font mal, elles ne sont pas que le fruit d'une domination masculine : elles sont inhérentes au rapport amoureux, fondamentalement asymétrique. La douleur

1. Thérèse Hargot, « Moi, les hommes, je les aime ! », *Le Figaro*, le 13 octobre 2020.

n'est pas sexuée, elle est consubstantielle à la tragédie amoureuse. C'est le risque à prendre, ou pas, quel que soit son sexe. Et s'il est vrai que les femmes ont une plus grande prédisposition à s'investir dans l'amour, ce n'est pas la faute d'un patriarcat imaginaire, mais celui du pouvoir de donner la vie dont la nature les a gratifiées. Pouvoir porter un enfant constitue un réservoir d'amour infini, conditionné dans l'être. La femme est source d'amour comme elle est source de vie. Argument que ne peut entendre tout le courant de pensée féministe constructiviste, qui pense que l'homme et la femme ne doivent rien de leurs différences à la biologie mais tout au conditionnement sociétal.

Pour les femmes savantes, la relation entre l'homme et la femme est à la botte du patriarcat. Pire, pour certaines d'entre elles, il s'agit d'un « régime d'exploitation » fondamental qu'il convient de renverser, à l'image d'un système capitaliste. Ici, ce n'est plus l'amour qui est considéré comme révolutionnaire, mais sa mise à mort. Le monde utopique ne naîtrait pas d'une réconciliation entre les sexes mais d'une rupture radicale et définitive. Le 20 septembre 2019, le magazine culturel *Les Inrocks* consacre un article à un festival « féministe » dont l'ambition est d'apprendre à condamner ce système d'exploitation. Au programme : des ateliers pour déconstruire nos stéréotypes sur « l'économie du désir » ou encore « l'érotisation de la violence ». Alors que le journaliste plébiscite l'événement, il interroge l'un des organisateurs, Juliet Drouar, un homme né de sexe féminin, qui considère que l'hétérosexualité est « la pierre angulaire de la construction du patriarcat et les féminismes en parlent sans jamais la nommer. [...] Le capitalisme est une culture du gratuit qui repose sur le fait de ne pas payer un certain nombre de populations comme les femmes ou les personnes racisées ». En bref, chaque femme qui aurait une relation sexuelle avec un homme serait une travailleuse du sexe, mais qui serait surtout utilisée en offrant un service gratuit sans contrepartie. Chaque femme serait exploitée par l'homme et son attraction ne serait que la résultante d'un penchant masochiste. Chaque homme, quant à lui, serait un appendice du capitalisme qu'il faudrait mettre à bas. De même, il est entendu qu'à travers le terme « hétérosexualité », c'est l'union des sexes que Juliet Drouar cloue au pilori. Dans son monde aux accents totalitaires, une police viendrait pratiquer des tests de masculinité toxique et traquer l'homme et la femme qui s'aiment sous prétexte qu'ensemble ils constituent un régime fasciste. Une vision du monde qui montre à merveille combien la politisation de l'amour est dangereuse et qui met en exergue cette haine de la différence des sexes montée en épingle par une minorité d'enragées qui voudraient généraliser leur lutte. Hélas pour eux, pour la plupart des êtres, c'est précisément cette différence qui est source d'attraction, de désir et de plaisir.

Hélas pour eux, la différence sexuelle, et sa rencontre, n'en demeure pas moins désirable pour la majeure partie de l'espèce humaine. Pour la plupart des êtres, c'est précisément cette différence qui est source d'attraction, de désir et de plaisir. Cet amour de l'altérité est menacé doublement, par la chasse à l'homme et la culpabilisation de la femme qui aime l'homme. Bien entendu, cette nouvelle police ne s'installera pas sans quelques résistances. Beaucoup de femmes ne sont pas prêtes à les envoyer au purgatoire de l'histoire. Nombre de femmes aiment les hommes, qu'il s'agisse de leur père, de leur frère, de leur cousin, de leur voisin, de leur amant, de leur mari. Même sans avoir eu des familles extraordinaires, qui justifieraient une vision du monde angélique, même après tant de déceptions amoureuses, nombre de femmes ne voudraient pas se passer du regard des hommes, de leurs caresses, de leurs imperfections. Elles ne voudraient pas se passer de l'amour de l'autre sexe, particulièrement en des temps où des courants néoféministes les menacent tous les deux, en se faisant le porte-voix de tant de théories fumeuses qui veulent politiser outrageusement leur relation en les essentialisant. Il existe un amour de la différence sexuée qui n'a pas vocation à disparaître avec des stages de redressement psychologique, ou des prêches de staliniennes en jupons qui ne rêvent que de gagner une guerre entre les sexes plutôt qu'œuvrer à leur réconciliation. C'est ici une femme qui écrit, comme tant d'autres avant elle, que la condamnation de l'homme est un crime contre l'humanité.

3

L'empire de l'« emprise » psychologique

> « On déclame sans fin contre les passions ; on leur impute toutes les peines de l'homme, et l'on oublie qu'elles sont aussi la source de tous ses plaisirs. »
>
> Denis Diderot,
> *Pensées philosophiques*, 1.

C'est une confidence contée sur un bateau, en 1912. Dans *Amok ou le Fou de Malaisie*, l'écrivain viennois Stefan Zweig dissèque au scalpel une passion qui frise l'extase mystique. Contraint à l'exil en Malaisie, un médecin décrit la rage fiévreuse qui s'est emparée de lui après la rencontre dans son cabinet d'une femme aux yeux gris-bleu, bourgeoise et hautaine. Alors qu'elle exigeait de lui de l'aide pour avorter sans tout à fait l'assumer, il s'est permis d'hésiter un instant jusqu'à ce que, piquée par l'orgueil, elle tourne les talons et claque la porte de son cabinet. Rongé par le remords, obsédé par sa patiente, sa vie est brutalement bouleversée après sept longues années de solitude. Le protagoniste tombe dans « l'enfer au fond duquel se tord, brûlé, mais éclairé par les flammes de l'abîme, l'être essentiel, la vie cachée », selon les mots du biographe Romain Rolland dans la préface qu'il consacre à l'ouvrage. Avec ce premier succès international publié en 1922, l'écrivain autrichien décrit cette faillibilité de l'amour excessif, qui porte à la déraison. Il convoque avec talent le mystère de l'esprit humain, sa psyché, ses tourments, ses drames enfouis avec lesquels voudraient en finir quelques pantouflards par envie de tranquillité. L'écrivain viennois décrit comme personne ce que les Grecs nomment l'*eros*, cette pente glissante entamée, le désir qui consume, la passion qui vous mène aux sueurs froides. Il présente tous les symptômes de l'« emprise » psychologique de laquelle on nous appelle aujourd'hui à nous libérer à longueur de journée. Dans *Lettre d'une inconnue* (1922), *Vingt-quatre heures de la vie d'une femme* (1927) ou encore *La Confusion des sentiments* (1927), figurent des descriptions précises des tourments de celui qui est capable d'aimer jusqu'à la maladie, de l'inquiétude jusqu'au délire, cette forme de servitude volontaire, sinon assumée, du moins choisie, cette soumission consentie que la passion égalitariste voudrait liquider. Des tourments qui empoignent aussi bien les hommes que les femmes, car aucun des sexes n'est immunisé en la matière. Zweig décrit finement cette rage qui consume sans raison apparente, ce moment de bascule à la rencontre d'un autre qui fait sauter les verrous intérieurs. Il décrit les ulcères de l'humanité dont l'amour passionnel est une composante universelle, ce plaisir qui rend la douleur possible, cette démission des résistances intérieures. Cet amour qui porte en lui la possibilité du saccage, de la destruction physique et mentale, qui absorbe jusqu'aux dernières forces et peut mener à l'anéantissement. Zweig détaille avec subtilité ces angoisses, ces inquiétudes, ces craintes durant l'attente, qui sont le lot de ces rencontres qui sont aussi rares que marquantes. Mais il décrit aussi les plaisirs, les joies profondes, les extases, les instants de grâce, l'excitation qui s'empare alors de l'amoureux tout entier. Son œuvre n'a rien d'un sermon moral, d'un tract politique, il n'en fait pas un étendard en vue d'une lutte de pouvoir. Zweig n'écrit pas pour « venger sa race », comme le fait Annie Ernaux, prix Nobel de littérature, dans son discours tenu à Stockholm, le 10 décembre 2022, fière de se servir de ses frustrations sociales et sexuelles comme carburant littéraire.

Deux siècles plus tard, les relations décrites par Zweig seraient réduites à un jugement à l'emporte-pièce et dénoncées comme des cas typiques d'« emprise ». Les récits qui décrivent le désespoir masculin seraient passés sous silence, car ils n'abondent pas dans le sens de l'idéologie néoféministe : les hommes saccagés par amour, ce n'est pas très vendeur. Les récits sur ces hommes qui déifient les femmes, se jettent à leurs pieds, se placent sous leurs ordres et souffrent de leur tyrannie sont superbement ignorés. Comme ceux des femmes puissantes : le personnage de Bonemine, l'épouse du chef du village Abraracourcix dans la bande dessinée *Astérix*, qui sait se faire craindre par son mari, qui s'en remet toujours à son autorité et se balade dans le village avec son rouleau à pâtisserie à la main, n'est jamais citée par les néoféministes. En revanche, les histoires de Zweig qui présentent les femmes comme des victimes, comme *Lettre à une inconnue*, sont abondamment commentées et réduites à un système de domination meurtrier. La relation y est étudiée comme une fait social, une conséquence du désir de puissance du mâle, d'un féminicide à petit feu. De l'œuvre de Zweig, la société « post-littéraire », telle que la décrit le philosophe Alain Finkielkraut[1], n'y verrait certainement pas un descriptif génial de cette part d'ombre de l'âme humaine, une illustration caricaturale de la part tragique de l'amour fou, mais l'illustration de la répression anti-femme. À l'ère du post #MeToo, toute passion amoureuse, réelle ou romancée, est cantonnée au champ lexical de la psychopathologie et psychiatrisée, procédé utilisé par les totalitarismes de tous bords.

Ce sont d'ailleurs les professionnels de la mécanique de l'esprit qui sont les premiers à tracer les contours d'une définition scientifique de l'« emprise ». Avant de coloniser le champ lexical des relations amoureuses, son acceptation était assez large et son étymologie ancienne. « Le terme procède du latin *imprehendere* ("prendre"), utilisé comme substantif du verbe "emprendre", équivalent du verbe "entreprendre"[2], explique Alain Ferrant, professeur de psychopathologie et psychologie clinique. L'étymologie donne ainsi deux sens complémentaires : prendre et entreprendre. L'emprise se réfère donc autant à une "prise" qu'à une "entreprise" ; elle relève autant de la saisie que

1. Alain Finkielkraut, *L'après littérature*, Stock, 2021.

2. Alain Ferrant, « Emprise et lien tyrannique », *Connexions* 2011/1 (n° 95).

du projet. » Le terme est ainsi utilisé dans diverses situations, comme en témoigne la profusion de titres de presse qui y font référence : « L'Ukraine sous emprise de la Russie » ; « De l'opium au captagon, le Moyen-Orient sous emprise » ; « Scientologie, sous emprise » ; « Abus sexuels dans l'Église : notre dossier "Sous emprise" ». Dans le registre du droit, il s'utilise pour qualifier la mainmise de l'administration sur une propriété. Mais c'est dans le registre de la relation sexuelle et amoureuse qu'il va devenir le plus générique et recouvrir la définition la plus vaseuse. Dans les colonnes du journal *Le Monde*[1], la psychiatre Marie-France Hirigoyen, spécialiste de la question, insiste sur la dimension de subordination. « Il faut comprendre que l'emprise est un conditionnement. C'est le socle des violences psychologiques, dont l'objectif est de soumettre l'autre. C'est toujours une question de pouvoir et de domination », explique-t-elle. L'emprise inspire un système de subordination, de pouvoir, d'influence. Et le terme vulgarisé ne vise pas seulement à décrire cette acceptation souveraine de s'abandonner à l'autre, mais le charge d'un pouvoir négatif, presque criminel, qui

1. « L'emprise est le socle des violences psychologiques, dont le but est de soumettre l'autre », Marie-France Hirigoyen, 19 novembre 2019, *Le Monde*.

renvoie à une forme d'aliénation. Tout le monde est d'accord pour dire que l'emprise est conditionnée par un rapport hiérarchique, par une asymétrie réelle ou ressentie ; aucune différence de nature, donc, avec un symptôme classique de la passion amoureuse. Celui qui aime beaucoup accepte une forme de dépendance. En toute connaissance de cause, il se livre peu à peu à l'autre en laissant ses défenses au placard. Il y a dans l'amour une capacité à redevenir un petit enfant, minuscule devant l'être aimé, qui lui semble gigantesque : c'est le phénomène de « cristallisation » décrit par Stendhal[1]. L'imaginaire drape l'être aimé de toutes les qualités, des plus réelles aux plus imaginées : c'est le sens du concept créé par l'écrivain, dans son essai phare sur l'amour. « En un mot, il suffit de penser à une perfection pour la voir dans ce qu'on aime », explique-t-il. La science ne dit pas autre chose de l'idéalisation dans l'amour pour expliquer l'altération du jugement : elle l'attribue à un cocktail d'hormones libérées dans le système neuronal, composé notamment d'ocytocine et de dopamine. Cette alchimie n'est pas systématiquement réciproque, et rarement, voire jamais, d'égale intensité. Pour paraphraser George Orwell dans *La Ferme des animaux*, tous les amoureux s'aiment,

1. Stendhal, *De l'amour*, 1822.

mais certains plus que d'autres. La symétrie parfaite dans une relation n'existe pas, ni dans une relation tout court d'ailleurs, ce qui ne l'empêche pas de pouvoir être sincère et réciproque.

« L'emprise », pensée dans une acception large, peut être considérée comme l'un des symptômes classiques de la passion amoureuse. L'amoureux est toujours, à divers degrés, assujetti, fragilisé, ébranlé par son attraction pour l'autre. Il se sent toujours dépossédé d'une partie de lui-même, qu'il consent à céder, et cela non sans un certain plaisir. « L'amour est une catastrophe magnifique : savoir que l'on fonce dans un mur et accélérer quand même ; courir à sa perte, le sourire aux lèvres ; attendre avec curiosité le moment où cela va foirer[1] », écrit à raison Frédéric Beigbeder dans *L'amour dure trois ans*. L'égalité en amour n'existe pas : le mode sentimental est toujours un rapport de force policé. « Être un couple, c'est ne faire qu'un. Oui, mais lequel ? » questionne de façon rhétorique Oscar Wilde, tandis que le comédien Fabrice Luchini met davantage les pieds dans le plat, jugeant avec la poésie qu'on lui connaît que, dans un couple, « il y en a toujours un qui est niqué ». Oui, l'amour, c'est accepter que l'autre manipule une force en nous. Qu'est-ce qu'un

1. Frédéric Beigbeder, *L'amour dure trois ans*, Grasset, 2012.

amoureux qui attend un texto de sa dulcinée au cœur de la nuit, sinon un précipité de désespoir consécutif d'une forme d'« emprise » ? Pour qualifier quelqu'un de « mordu » par un autre, ne dit qu'on pas qu'il est « épris » ? N'y a-t-il pas de l'emprise dans l'attirance, de l'ascendance, en plus d'une forme de vulnérabilité et de dépossession de soi qui méritent d'être défendues au nom de la vitalité du sentiment ? Quiconque a déjà été amoureux – homme ou femme – reconnaît à l'amour un pouvoir tyrannique sur lui-même, qu'il accepte de son plein gré, parce qu'il sait qu'il comporte intrinsèquement, certes, une part de risque et de douleur, mais tout autant la possibilité de « rester vivant ». Ainsi cette obsession contemporaine pour l'« emprise » dit quelque chose du combat frontal amorcé contre l'amour. Car comme d'ordinaire, des idéologues jettent le bébé avec l'eau du bain et sous couvert de la protection des femmes, jettent en pâture l'amour passionnel entre les sexes.

On pourrait, comme Sigmund Freud lorsqu'il définit la différence entre le « normal » et le « pathologique » d'un état psychique, juger que ce qui distingue l'emprise de la passion amoureuse est une question de quantité plus que de qualité : à partir d'une certaine « dose » de domination et de dépendance, on passe d'une forme saine à une autre, dangereuse. Car il existe sans conteste un continuum entre ces deux états. La vérité, c'est que, loin des subtilités d'un œil clinique, le terme est utilisé par extension dans les conversations privées pour dépeindre toute relation intense, toute passion saine, comme un embrigadement psychologique. Toute relation amoureuse intense, où l'autre est placé sur un piédestal et qui finit en eau de boudin, est perçue comme le symptôme d'une manipulation mentale. Et elles sont nombreuses, les relations de ce type, dans la vie comme dans la fiction, où se mêlent bonheur et malheur, espoir et désespoir, où se succèdent les montagnes russes que l'on consent à suivre. Des péripéties relationnelles qui ne s'écrivent pas à l'avance, qui ne sont pas prévisibles, sauf à s'appeler Madame Irma. Le débat autour du film *Mon roi*, quatrième long-métrage de Maïwenn, sortie dans les salles en 2015 et couronné par le César du meilleur film, permet de comprendre cette subjectivation des rapports amoureux. Un coup de foudre entre Tony, avocate pénaliste plutôt rangée, et Georgio, propriétaire de restaurant, fêtard pour mieux panser ses blessures d'enfance. Ils se rencontrent dans une boîte de nuit, s'attachent et vivent une histoire passionnelle. Le temps révèle sa fragilité à elle et son caractère manipulateur à lui, qui, malgré l'amour qu'il lui porte, la déçoit et la trompe. Il lui demande un enfant, qu'il assumera peu, lui ment beaucoup mais finit toujours par la faire fondre et la récupérer. Tony fait sienne cette maxime de La Rochefoucauld : on pardonne tant qu'on aime. Elle lui pardonne ses infidélités, ses mensonges, ses humiliations et s'enfonce peu à peu dans une dépression profonde avant d'être victime d'un terrible accident de ski. Ce film d'une infinie subtilité sur l'amour tragique est récupéré par les associations qui luttent contre les violences conjugales pour pointer du doigt l'« emprise » dans le couple. Des associations féministes, qui voueront plus tard la réalisatrice aux gémonies pour avoir donné un rôle principal à l'acteur américain Johnny Depp, dans *Jeanne du Barry*, applaudiront ce précédent film lorsqu'il sortira sur les écrans. Parmi les nombreuses projections organisées en France, l'une a été coordonnée par la municipalité de Sainte-Luce, dans le département de la Martinique, en partenariat avec une association dans le cadre du Contrat local de lutte contre les violences sexistes et sexuelles. Objectif : identifier le processus de l'emprise pour aider à s'en défaire. « La relation d'emprise est une des formes des violences faites aux femmes. Ce mécanisme insidieux, qui enferme la victime dans une relation destructrice, est complexe à percevoir pour la victime comme pour son entourage », explique le pôle parentalité de la mairie. Ainsi, ce film n'est plus une œuvre romantique à la fin tragique, mais une arme de propagande pour que les femmes se méfient des hommes lorsqu'elles les rencontrent, pour qu'elles puissent se prémunir pour ne pas avoir à « vivre ça ». Ces projections suivies de tables rondes participent d'une entreprise d'infantilisation du spectateur. Il est question de dire aux femmes de prendre garde pour ne pas subir ce que vit le personnage féminin, mais qui peut dire avec certitude que pour elle, le jeu n'en valait pas la chandelle ? Les échecs amoureux justifient-ils de se prémunir de belles histoires ? Les histoires d'amour ratées donnent de la matière à des beaux instants de vie, à de belles œuvres et leur avenir n'est le plus souvent pas prédictible. Certains et certaines envisagent les relations humaines comme des enfants gâtés : ils veulent jouir des plaisirs qu'elles procurent mais pas assumer les risques associés.

Une interprétation du film par ailleurs bien éloignée de celle qu'en fait la réalisatrice du film, Maïwenn, qui insiste davantage sur l'intensité des sentiments des protagonistes : « La passion physique, l'attirance a été tellement forte, qu'ils tiennent à rester amoureux de leur histoire, malgré leurs névroses respectives. Un coup de foudre, surtout quand il dure, c'est tellement irrationnel, on ne choisit pas, sinon Tony serait partie[1] », explique-t-elle, à *L'Express*. « Je défends mon personnage de Georgio que j'ai essayé de filmer sans jugement. Je l'ai installé d'emblée comme un séducteur mais il n'est pas complètement noir, ni irrespectueux. Il réveille d'ailleurs quelque chose chez les spectatrices : souvent de l'amour, d'ailleurs, parce que les femmes aiment les voyous, sont attirées par le danger, il n'y a pas d'ennui avec ce type d'hommes », raconte-t-elle aussi, lors de la promotion du long-métrage. Sur ce film, deux interprétations s'affrontent : celle des associations néoféministes et celle de la réalisatrice. La première fait du personnage féminin une victime irresponsable, incapable de quitter son bourreau, engluée dans une relation qui la condamne, dans la peau d'une victime d'un syndrome de Stockholm, un personnage qu'il faudrait en quelque sorte délivrer de lui-même. Cette interprétation montre le caractère déresponsabilisant soufflé aux femmes par les néoféministes, qui considèrent qu'elles sont incapables de s'affranchir des amants toxiques. La plupart des femmes, au contraire, peuvent et savent partir quand elles jugent que la coupe est pleine.

1. Gilles Médioni « *Mon roi* : Maïwenn a du mal à "montrer des images d'un bonheur amoureux" », *L'Express*, 1er octobre 2015.

Dans la grande majorité des cas, ce sont elles qui demandent le divorce : plus de 75 % des cas dans les relations hétérosexuelles, selon l'Institut national d'études démographiques (Ined). Par ailleurs, le personnage de Georgio ne peut être réduit à un simple prédateur, c'est une lecture réductrice du protagoniste masculin, qui aime, même mal, avec ses blessures, ses failles et ses défauts. La lecture de Maïwenn est plus honnête : Tony n'est pas sous emprise, elle est amoureuse d'un homme qui n'est pas fait pour elle et dont elle a du mal à se déprendre. Le film nous conte cette forme d'attachement en amour, pour le meilleur comme le pire. Puis, Tony finit par quitter Georgio et l'épilogue du récit est en cela important : il n'est jamais trop tard pour se sauver, se défaire de cet attrait pour l'autre au nom de la préservation de soi.

L'« emprise » n'est pas le seul terme à avoir été sorti de son contexte originel et instrumentalisé ces dernières années, dans une lecture psychiatrisante des relations amoureuses fougueuses. Un autre, ordinairement associé au premier, a fait son entrée dans le Petit Larousse en 2023 : celui de « pervers narcissique ». L'expression désignait jusqu'ici une pathologie de la personnalité spécifique, définie pour la première fois par le psychanalyste français Paul-Claude Racamier, en 1986, comme « une façon organisée de se défendre de toute douleur et contradiction internes et de les expulser pour les faire couver ailleurs, tout en se survalorisant, tout cela aux dépens d'autrui ». Là aussi, loin d'être maniée avec prudence, à partir d'un tableau clinique précis, l'expression s'est répandue comme une traînée de poudre dans le vocabulaire courant. Il n'est pas inopportun de suggérer que, désormais, plus une conversation sur une relation amoureuse dure, plus il y a de probabilités que le terme de « pervers narcissique » pousse comme la mauvaise herbe dans un parterre de fleurs. Les adolescentes utilisent le terme à satiété parce qu'il est tendance et donne l'air intelligent, tout le monde semblant en avoir connu un au cours de sa vie, en avoir souffert, être une oie blanche. Les témoignages d'expériences en la matière inondent les blogs féminins, alors que, selon les spécialistes, il est censé concerner 2 à 3 % de la population seulement… Goujats, dépressifs, mauvais coups, sagouins, menteurs, saligauds : tous, dans un effet de mode, deviennent des « pervers narcissiques », sur fond d'amourettes foireuses à l'ère des relations « liquides » et des applications de rencontre. S'il annule un rencart à la dernière minute, s'il a une maîtresse, s'il a disparu du jour au lendemain, la solution est toute trouvée : c'est un pervers narcissique. La pathologie du mufle est connue de tous, comme le malade qui pense avoir trouvé l'origine de son trouble après trois clics sur Internet. « Comment contenir son agacement aujourd'hui face à l'exploitation effrénée et peu scrupuleuse de la formule "pervers narcissique"[1] ? » se demande judicieusement Émilie Seguin, psychologue clinicienne, dans une tribune publiée dans *Le Monde*. Avant de suggérer, non sans justesse : « Au-delà de la dimension spectaculaire que revêt le concept, le pervers narcissique ne serait-il pas une forme de bouc émissaire moderne au sein d'une société qui connaît une amplification de la souffrance au travail et un taux croissant de séparations au sein des couples ? » Allons plus loin : ne serait-il pas, aussi, un bouc émissaire dans une époque où les discours des néoféministes psychiatrisent les relations amoureuses et ne décrivent les hommes que comme des prédateurs en puissance ? Car l'étiquette de « pervers narcissique », comme toute étiquette identitaire, ne sert pas à identifier avec précision, mais à figer, salir et permettre à celui qui la colle d'éviter la moindre autocritique. Dire aux femmes qu'elles sont victimes d'emprise et de « pervers narcissique », c'est éviter de leur dire qu'elles peuvent larguer, quitter sans

1. Émilie Seguin, « Les "pervers narcissiques" ou le triomphe d'un concept flou », *Le Monde,* 4 mars 2014.

se retourner, ou se soumettre à une autocritique. C'est une façon de leur expliquer qu'elles ne sont pas actrices de leur vie et de désigner une cible à abattre – pour de bonnes ou de mauvaises raisons – en ramenant une relation complexe à une pathologie mentale. C'est donner du grain à moudre à cette chasse aux sorcières menée par des « staliniennes à jupons » qui victimisent les femmes pour mieux saboter les relations amoureuses entre les sexes.

Culpabiliser l'« emprise » à la moindre occasion, qualifier de « pervers narcissique » le premier morveux, psychiatriser tout sagouin comme bourreau des femmes, revient *in fine* à saboter la possibilité d'unir les sexes dans l'amour, les appeler à se verrouiller à double tour pour ne plus se retrouver. C'est toujours la même histoire de celui – celle en l'occurrence – qui jette le bébé avec l'eau du bain selon l'expression consacrée : au nom d'une sécurité émotionnelle, de l'autoprotection contre l'aliénation de soi par l'autre, au nom de toutes les bonnes raisons du monde, les néoféministes en arrivent à créer des digues infiniment robustes entre l'homme et la femme pour qu'ils ne puissent même plus se faire confiance. Elles distillent le doute, lentement mais sûrement, pour que les femmes craignent les hommes et que les hommes se craignent eux-mêmes. Et cette tendance à la sécurisation émotionnelle n'en est qu'à ses débuts, si l'on observe la croissance du célibat en France, appelée joyeusement « célibat-boom ». Le nombre de célibataires a plus que doublé en quarante ans, avec plus de 8 millions de personnes vivant seules, selon l'Insee, phénomène facilement observable à l'œil nu dans les rayons des supermarchés, avec l'explosion de la vente des plats préparés individuels. Plus d'une personne sur cinq âgée de 26 à 65 ans est célibataire, et parmi ces êtres ne figurent pas que des jeunes adultes en quête d'aventure et de liberté. Il existe aussi une catégorie craintive, victime d'un bourrage de crâne, abreuvée de discours alarmants sur les relations humaines, à qui l'on répète du matin au soir que les hommes portent en eux le germe du viol, qu'ils sont ontologiquement dangereux, coupables de « masculinité toxique ». Il existe une catégorie qui boit les paroles des femmes savantes qui nomment « emprise » tout désir qu'un homme procure, en culpabilisant le désir et la pulsion de vie dont il découle. Une catégorie qui craint de se retrouver sous « emprise », d'être victime d'une rencontre malheureuse avec un « pervers narcissique », qui est dans la recherche de certitudes dans un univers désordonné. Ainsi se constituent les nouvelles menaces qui pèsent sur l'amour, et voilà pourquoi il est urgent de le défendre, de réenchanter le risque et la possibilité d'une « emprise » raisonnable, d'en faire même l'éloge, non comme d'un saccage psychologique, pour encourager un penchant masochiste ou une démarche suicidaire, non comme un moyen de se faire du mal dans un plaisir d'autodestruction, mais au contraire, comme possibilité de se sentir vivant. L'amour est le sel de l'existence, il impulse la vie et la mort (le deuil amoureux fait partie des raisons les plus invoquées pour les suicides). L'amour est comme une médaille, à deux faces opposées, dont l'une ne peut aller sans l'autre.

La part de tragique en amour explique en partie le mépris qu'il suscite chez les penseurs, militants et autres observateurs affûtés des relations humaines. À ce titre, rien de nouveau sous le soleil. Arthur Schopenhauer, le philosophe, roi du pessimisme, pestait déjà durement, à la fin du XVIIIe siècle, contre la souffrance qui naît du désir : « Tant que l'homme sera asservi au désir, aux espérances et aux craintes continuelles qu'il fait naître, il ne connaîtra ni le repos ni le bonheur [1] », regrettait-il. Lui aussi appelait les hommes à se libérer de l'attraction qu'ils éprouvent envers les femmes dans un mouvement d'émancipation qu'il jugeait libératoire.

1. Arthur Schopenhauer, *Le monde comme volonté et comme représentation* (1818).

Le philosophe allemand, qui méprisait l'amour et n'y voyait qu'un appel de l'espèce à se reproduire, se serait sûrement rangé du côté des néoféministes qui condamnent l'« emprise » comme huitième péché capital. D'apparence, ce rapprochement a de quoi surprendre : un misogyne et une poignée de misandres ne semblent rien avoir en commun, si ce n'est une détestation réciproque de leur sexe, et pourtant ils se rejoignent aussi dans la guerre menée contre l'amour entre l'homme et la femme. Ils ont en commun ce désir de ne plus désirer, de domestiquer leurs sentiments au point de lutter contre eux et d'en écrire des tartines pour les conceptualiser et imposer leur vison aux autres. Ils concourent à tuer l'amour dans une mécanique intellectuelle diablement efficace, en ce qu'elle se nourrit de passions tristes. Chacun à leur façon, ils montrent que chaque époque voit naître de nouvelles forces qui conçoivent des concepts ingénieux pour en finir avec cette aspiration primaire qui lie les sexes entre eux.

Mais chaque époque voit naître, aussi, des esprits sinon optimistes du moins pragmatiques, tels que l'écrivain viennois Stefan Zweig. Lui qui a entretenu pendant plus de trente ans une correspondance avec Sigmund Freud, « le Christophe Colomb de la psyché humaine », n'a pas tenté de lutter contre à coups d'arguments moraux et sécuritaires. En écrivant *Amok ou le Fou de Malaisie,* il se contentait de caricaturer la part tragique de l'amour, pour qu'elle apparaisse au grand jour, avec la plus grande exactitude possible, sans tenter d'en dégoûter la terre entière. Fervent lecteur et ami de l'inventeur de la psychanalyse dont il prononça l'éloge funèbre en 1939, il se positionnait davantage en chercheur qu'en moraliste. Ces deux penseurs, chacun à leur façon, ont tenté d'explorer l'obscurité de l'âme humaine, comme des chercheurs plus que comme des Ayatollah de l'égalité ou comme des assureurs vendant des contrats d'assurances tous risques. L'inventeur de la psychanalyse dévoilait la structure de l'inconscient, quand l'écrivain en décrivait les mouvements et les symptômes. Tous deux racontaient la force vitale qui court en nous, faitc dc lumière et d'obscurité.

4

Sacre des pantoufles et culte du renoncement

> « La liberté est devenue un fardeau dont l'enclos seul nous délivre. »
>
> Pascal Bruckner,
> *Le Sacre des pantoufles*[1]

« J'ai renoncé à l'amour. Et c'est l'une des meilleures décisions de ma vie. » C'est le titre d'un long témoignage de Laura Warrell, publié sur le site du *Washington Post*[2]. La romancière de 46 ans dissèque comme un chirurgien les raisons qui l'ont menée à fermer les portes de son cœur. Divorcée à 30 ans, mais pas résignée, elle cherchait un partenaire de vie

1. Pascal Bruckner, *Le Sacre des pantoufles. Du renoncement au monde*, Grasset, 2022.

2. Laura Warrell, « J'ai renoncé à l'amour. Et c'est l'une des meilleures décisions de ma vie », *Washington Post*, 22 septembre 2022.

pour partager ses « revers de carrière », ses « soucis d'argent » et ses « crises existentielles ». C'est une énième déception qui l'a contrainte à abandonner ses projets, une rencontre avec un dénommé Justin, présenté par son ami Anna, musicienne, inquiète de la voir s'enfoncer dans un interminable célibat. Avec Justin, l'histoire démarre sur les chapeaux de roues : au premier rendez-vous, il s'excuse à de multiples reprises pour ses cinq minutes de retard, ils dînent et discutent jusqu'à la fermeture du restaurant. À l'issue du deuxième rendez-vous, il l'escorte jusqu'à sa voiture, l'embrasse « nerveusement », puis la regarde comme la septième merveille du monde. La relation est fluide, l'entente immédiate, tout semble naturel et facile. Ils se revoient encore et encore, la magie opère chaque fois. Puis, sans raison apparente, après plusieurs promesses non tenues, Justin disparaît dans la nature. Une désertion qui prospère à l'ère des relations éphémères et qui porte même un nom : le *ghosting*, de l'anglais *ghost*, qui signifie « fantôme » et qui désigne cette volatilisation d'un partenaire qui ne s'embarrasse même pas d'expliquer son comportement. Ce n'est qu'un an plus tard qu'elle prend conscience que l'épisode a refermé une longue parenthèse de sa vie. Sans l'avoir sciemment décidé, elle a verrouillé son cœur une fois pour toutes et investi son énergie ailleurs, dans ses projets professionnels, l'écriture notamment. Laura ne considère pas sa décision comme rare : au contraire, elle serait assez répandue chez les femmes de son entourage. Elle cite son amie Evelyn, célibataire et sans enfant, dont la carrière de poète n'a fait que s'épanouir avec l'âge depuis qu'elle s'est passée des hommes. Ou encore Katrina, qui a obtenu un diplôme d'études supérieures du MIT, à 48 ans. Yvette, qui, après avoir été quittée par son mari, a parcouru le monde. Wendy, qui a rejoint une agence humanitaire internationale à 50 ans. Des femmes qui « respirent la grâce » selon elle, qui ont toutes tourné le dos à l'idéal romantique après moult déceptions, et qui se réjouissent de se recentrer sur elles-mêmes, d'avoir du temps et de l'énergie à investir dans d'innombrables projets personnels.

Il n'est pas nécessaire de traverser l'Atlantique pour recueillir ce type de témoignages : en France aussi, ils inondent la presse féminine : « À 45 ans, j'ai renoncé à l'amour », titre *Femina* en septembre 2019. On trouve aussi : « Par peur de souffrir, elles ont renoncé à l'amour » (*Marie-Claire*, juillet 2022), « L'amour, c'est fini pour elles » (*Psychologies*, septembre 2020), « L'amour, c'est fini pour moi » (France Bleu, décembre 2022), « Les lassées de l'hétérosexualité témoignent : "Les relations avec les hommes se ressemblent toutes" »

(*Madmoizelle*, février 2023)… Alors que les magazines féminins faisaient la promotion de sa forme la plus sirupeuse, les voilà qui font maintenant celle de la fin de l'amour, dans un mouvement de fond lent mais continu, qui profite d'un élan de démission générale inédit. Dans ces enquêtes journalistiques, ce sont surtout des femmes qui témoignent de décennies de désillusions qui ont provoqué autant de décharges électriques que de prises de conscience. Elles dressent un bilan sentimental calamiteux, parlent de véritables souffrances qu'il n'est pas question de nier, et clament haut et fort une volonté irréversible d'en finir avec l'amour des hommes. Elles construisent des barrières, des digues émotionnelles, pour s'éviter d'éprouver toute douleur et ne plus jamais dépendre affectivement du bon vouloir de l'autre sexe. Autant de syndromes post-traumatiques qui ne disent pas leur nom et laissent des stigmates, des séquelles, qui bouleversent durablement les écosystèmes psychiques. Comme ces grands brûlés qui préfèrent renoncer à la chaleur du feu plutôt que de prendre le risque de se brûler une nouvelle fois. Une réaction d'autoconservation naturelle et saine, un signe de pulsion de vie qui a du sens lorsqu'il est temporaire, mais qui devient symptomatique lorsqu'il s'installe dans la durée. En l'espèce, il n'est pas question de chercher à guérir de ses blessures mais de se résigner, d'abandonner l'espoir d'être heureux à deux. Ces témoignages font la promotion d'un nihilisme *soft*, dénient une aspiration primaire comme principe de vie. Du grand espoir à l'amertume, il n'y a qu'un pas. Comme certains arrêtent de boire, d'autres décident de ne plus tomber amoureux (le plus souvent pour ne pas avoir à s'en relever). Et pas de procrastination en la matière : la grande confession est annoncée avec tout l'aplomb du monde comme définitive, sans possibilité de retour en arrière. Articles de presse et émissions de radio consacrent ceux qui, après une énième histoire destructrice, décident de fermer leur cœur à double tour. Et ces choix intimes, dès lors qu'ils se multiplient et s'affirment médiatiquement, deviennent un système et alimentent ce que l'on appellera la grande conspiration contre l'amour.

Du pain bénit pour nos néoféministes qui s'emploient à politiser ces drames individuels pour prêcher la fin de l'amour hétérosexuel. Dans nombre de leurs publications, elles essentialisent les hommes, en font des brutes par essence, instrumentalisent cette profusion d'échecs amoureux pour assombrir l'histoire de l'autre sexe, le réduire à la prédation et à la tyrannie. Lui, et lui seul, porterait la responsabilité de l'échec et de la douleur occasionnés, car il est conditionné à dominer les femmes. Tels des rapaces perchés sur des corps en décomposition, elles se nourrissent des déceptions intimes, des souffrances affectives, pour mieux professer la fin de l'union avec le sexe fort. Objectif : distiller l'idée que l'amour des hommes est une idée archaïque, dépassée, qu'il faut l'abandonner pour vivre une vie meilleure. Insister sur la douleur passée et le danger à venir, instiller une méfiance pathologique chez un public féminin fragilisé, affirmer que l'adversaire n'a qu'un visage qui se résume à son sexe et qu'il convient de lui tourner le dos. Multiplier les témoignages pour monter en épingle un phénomène de société, ourdir un complot contre l'amour des hommes et couvrir de honte celles qui ne parviennent pas à s'y résoudre. Dans nombre d'ouvrages écrits par des néoféministes (Mona Chollet et Ovidie, notamment), figure le regret d'avoir été « conditionnées » par la société à aimer les hommes : l'hétérosexualité serait une construction sociale. « Je comprends enfin à quel point j'ai été prisonnière d'un syndrome de Stockholm, à grande échelle, d'un monde insensé où on ne peut s'empêcher de désirer l'oppresseur et de lui rester éternellement subordonnée[1] », écrit notamment Ovidie. « La société », qui a définitivement bon dos, nous aurait appris la soumission aux

1. Ovidie, *La chair est triste hélas*, Julliard, 2023.

hommes jusque dans notre intimité. L'amour et le sexe n'échapperaient pas à la domination masculine qui infuse les rapports sociaux. La violence masculine serait intrinsèque, toxique, inhérente à toute personne affublée d'un pénis et il serait temps de s'en émanciper. Ces calculs sont façonnés par une déresponsabilisation autant que par une haine des hommes, comme s'ils devaient être seuls à porter le poids des échecs du couple, indépendamment de la singularité de chaque histoire amoureuse. Comme si les femmes n'étaient jamais coupables de rien, d'aucune violence, d'aucun coup bas susceptible d'avoir une part de responsabilité dans le drame que constitue l'échec amoureux. Comme si la femme, elle aussi, ne pouvait être cruelle, masochiste, dominatrice, castratrice. Dans cette vision manichéenne des sexes, qui veut qu'elle soit dénuée de toute violence et de toute de diablerie, la femme est, elle aussi, essentialisée.

Nourri par un discours sociologique militant, l'amour hétérosexuel est pensé comme un système de domination favorable au sexe fort, auquel on attribue exclusivement le fiasco sentimental. Et pour s'extraire de ce rapport de pouvoir malsain, rien de mieux que de désinvestir toute relation hétérosexuelle et d'investir son énergie ailleurs. Ainsi, selon nombre d'articles publiés dans des magazines féminins, il serait plus judicieux de découvrir le jardinage, d'aller soigner des bébés tigres à Singapour, d'apprendre une langue orientale, que de se lancer dans une aventure à deux dans laquelle il est plus que probable de laisser des plumes. Plutôt que de s'égarer dans une amourette chronophage dont l'avenir est incertain, il serait préférable de s'engager dans un programme de volontariat en Afrique pour lutter contre la faim dans le monde, de s'investir encore davantage dans sa carrière professionnelle, dans des associations venant en aide aux enfants défavorisés. L'important étant de trouver un palliatif qui n'implique pas une trop grande proximité avec l'altérité sexuelle, pouvant être remplacés par des *sex-toys* dont les ventes ont explosé ces dernières années. Tout vaut mieux qu'aimer, car rien d'autre n'a sa capacité de nuisance. Seul l'amour peut transformer un être parfaitement structuré et sain d'esprit en fou à lier prêt au suicide. Seul l'amour peut façonner les plus grandes forces de la nature en petites créatures vulnérables. Mais cette mise à nu des faiblesses n'est pas acceptable par tous, notamment par ceux qui font la promotion des bénéfices du renoncement. Ce narratif qui vante l'abandon de l'amour est en réalité une des armes idéologiques de conversion, à l'image de celles des sectes, lorsque des disciples professent la bonne parole et s'épanchent dans des discours extatiques sur le bonheur qui a suivi leur « engagement ».

Il s'agit en fait de l'avènement de « l'amour sécuritaire », l'une des principales menaces qui pèse sur l'amour, selon Alain Badiou. Le philosophe marxiste – dont il n'est pas question d'embrasser l'ensemble des idées – identifie les dérives modernes de l'amour dans un court et vif ouvrage intitulé *Éloge de l'amour*[1]. De la même façon qu'une doctrine militaire américaine promettait une « guerre zéro mort », c'est à dire de ne mener une attaque que s'ils étaient sûrs de ne perdre aucun soldat, explique-t-il, le monde moderne professe un amour sans risque qui n'est qu'une chimère et un prétexte pour en finir avec la rencontre des êtres. « Vous avez remarqué que partout on vous explique que les choses se font "pour votre confort et votre sécurité", depuis les trous dans le trottoir jusqu'aux contrôles de police dans les couloirs du métro. Nous avons là les deux ennemis de l'amour, au fond : la sécurité du contrat d'assurance et le confort des jouissances limitées », juge-t-il. Or c'est précisément dans l'adversité qu'il trouve sa source et se renforce, selon le philosophe : « Un amour véritable est celui qui triomphe

1. Alain Badiou, Nicolas Truong, *Éloge de l'amour*, Flammarion, 2016.

durablement, parfois durement, des obstacles que l'espace, le monde et le temps lui proposent », martèle-t-il. Autre constat : cet amour sécuritaire, qui évalue les risques, en fait un bien comme un autre, un objet de consommation courante, qui paraît fort peu utile sur le marché de la vie. Si un plus grand investissement dans la carrière professionnelle peut permettre d'obtenir un meilleur salaire, que peut promettre l'amour, toujours incertain et dangereux ? « Je crois en effet que libéral et libertaire convergent vers l'idée que l'amour est un risque inutile. [...] Il faut réinventer le risque et l'aventure, contre la sécurité et le confort », professe-t-il.

Ce mouvement contre l'amour s'enracine ainsi dans de vraies souffrances, de vraies frustrations, mais condamne le futur au nom d'un principe de précaution. Car ce renoncement est un choix déterminé à partir du bilan des bénéfices et des risques, au même titre qu'une opération marchande. Comme les entreprises évaluent les risques avant d'investir, les modernes évaluent ce que peut leur coûter de s'engager émotionnellement dans une histoire avant d'y mettre un orteil. Les coûts et les risques sont mis dans la balance dans une pesée imaginaire, les premiers recouvrant les investissements financiers, d'énergie et autres, les seconds, le poids potentiel de la douleur et/ou de la déception. L'amour est au cœur de clivages assimilables à ceux provoqués par l'implantation d'une centrale nucléaire sur un territoire, divisant la population entre ceux qui craignent une panne et le chaos consécutif qui viendrait menacer leur vie, en bref ceux qui refusent de courir le moindre risque, et ceux qui considèrent la probabilité d'une panne comme infime et décident de miser sur les bénéfices. Entre ceux qui ne sont pas capables de tolérer la moindre inconnue dans l'équation de leur vie, et ceux qui considèrent que le jeu en vaut la chandelle. Sur ce plan, les deux sexes sont logés à la même enseigne, hommes et femmes se retrouvent des deux côtés de la barricade, aussi bien dans le camp des « précautionneux » que dans celui des têtes brûlées. Si différenciation sexuelle il y a, elle se joue dans la politisation des échecs amoureux : lorsqu'ils fragilisent les femmes, elles deviennent des proies pour les néoféministes qui se servent d'elles pour faire prospérer leur misandrie profonde, quand les hommes ont tendance à intérioriser leur douleur, le temps d'aller mieux.

Le renoncement à l'amour est donc, en partie, la conséquence d'une prudence exacerbée, de la peur de souffrir, du besoin impératif de sécurité porté à l'excès, en bref de l'amour sécuritaire précédemment défini. Un excès de précaution qui sied formidablement à l'ère du « sacre des pantoufles » et de « la grande rétractation » qui caractérisent nos sociétés modernes, décrites finement par Pascal Bruckner[1]. Le philosophe raconte dans un essai déjà cité plus haut, comment la passion de la réclusion à domicile, physique et symbolique, s'est peu à peu généralisée au sein de notre société occidentale pacifiée, particulièrement au sein d'une jeunesse qui n'a jamais vécu la guerre et que le moindre effort semble effrayer. Cette époque qui voue un culte à la relaxation définie comme « le remède des vies à bas bruit dont les petites fluctuations sont encore trop exubérantes pour qui les éprouve ». Avec lucidité, le philosophe constate un ramollissement généralisé, qui s'est accéléré à l'ère du Covid, des confinements à répétition, de la guerre en Ukraine, des émeutes urbaines, de tout ce qui renforce l'incertitude quant au présent. L'individu s'est recroquevillé, ratatiné dans son foyer comme un escargot dans sa coquille, préférant s'aventurer devant un écran plutôt que de se lancer hors des sentiers battus. Cet instinct primitif de vouloir demeurer dans sa caverne reprendrait peu à peu le pas sur la tentation d'en sortir, ce qui engraisse au passage des plateformes de livraison comme Amazon, Netflix ou UberEats. À l'origine

1. Pascal Bruckner, *Le Sacre des pantoufles. Du renoncement au monde*, *op. cit.*

de cette grande démission, une anxiété latente et profonde, générée par certains discours apocalyptiques, des promesses d'avenir alarmantes, notamment celles des écologistes qui promettent la fin du monde dans un futur proche. Parmi les prophètes de malheur qui endossent une part de responsabilité, toujours selon le philosophe, la jeune Suédoise Greta Thunberg. L'égérie des marches pour le climat, reconnue pour ses coups d'éclat à la tribune de l'Onu, a sa part de responsabilité dans l'ambiance morose et craintive qui domine. Ces discours alarmants mêlés au contexte historique incertain font naître une crainte généralisée peu propice à la prise de risque amoureuse. En ces temps de doute, on réfléchit à deux fois avant de se lancer dans cette aventure complexe, sans garanties, et potentiellement source de peines.

Le philosophe fait longuement référence au « maestro » des flemmards : Oblomov, personnage illustre de la littérature russe, qui donne son nom au roman signé par Ivan Gontcharov au XIXe siècle. Oblomov passe sa vie en robe de chambre et chaussons, se réfugie dans son lit le plus souvent possible pour éviter les tracas du quotidien, laisse ses dettes s'accumuler et préfère se laisser berner par tous les saligauds qui croisent sa route plutôt que de dépenser son énergie pour se défendre. Le moindre tracas de l'existence lui semble insurmontable, articuler des mots est même parfois un fardeau pour lui. Il préfère se faire copieusement voler par son valet, feindre de ne pas comprendre qu'on lui ment, voir son appartement être envahi par les toiles d'araignées, il consent à accepter toutes les bassesses plutôt que d'affronter les conflits de la vie. Tout est prétexte à se réfugier dans ses rêves et ses souvenirs d'enfant, auxquels il ne parvient pas à renoncer. Un roman qui serait moins « une peinture de l'âme russe qu'une prémonition adressée à l'humanité entière », considère l'auteur, qui y voit une personnification du « Sacre des pantoufles » qui advient aujourd'hui. « Le renoncement aux passions devient passion du renoncement. "J'ai peur de mourir sans avoir vécu", disait le moraliste Chamfort. "J'espère mourir sans avoir jamais vécu", pourraient rétorquer nos militants du très peu », insiste-t-il.

L'hypothèse de Pascal Bruckner d'une « oblomovisation » des êtres en Occident au XXIe siècle s'est vue confirmée par une étude de l'Ifop[1] conduite en tandem avec la fondation Jean-Jaurès. Alors que le philosophe était sur les plateaux de

1. Jérôme Fourquet et Jérémie Peltier, « Grosse fatigue et épidémie de flemme : quand une partie des Français a mis les pouces », enquête d'opinion Ifop, 17 novembre 2022.

télévision pour la promotion de son essai, l'institut de sondage a publié une enquête d'opinion qui quantifie « l'impact du Covid sur la motivation et l'état psychologique des individus, ainsi que sur leur capacité à effectuer un effort mental et physique et à résister aux aléas de la vie ». Il en ressort qu'en plus de l'épidémie virale, une « épidémie de flemme » a submergé la société française, phénomène qui s'est traduit par des « salles de cinéma ayant du mal à se remplir, des boîtes de nuit en berne, des associations n'ayant toujours pas retrouvé leurs licenciés et leurs bénévoles d'avant crise », explique l'étude. 30 % des participants affirment être moins motivés qu'avant la pandémie, 25 % être régulièrement en proie à la flemme lorsqu'ils doivent sortir de chez eux, 37 % des Français confient qu'un « vendredi soir idéal » consiste à rester chez soi devant un plateau-repas. Cette étude implacable montre la grande démission des Français et une mutation profonde du rapport au travail, aux loisirs, à l'activité en général. Une analyse qui n'a pas manqué de faire rire nos voisins britanniques. « Célèbres pour leurs sacro-saintes grandes vacances, leurs déjeuners à rallonge, et leur semaine de 35 heures, les Français avaient cette réputation enviable de réussir à jongler entre travail et plaisirs [...]. Mais à la suite de la pandémie de Covid-19, la vision des Français de l'équilibre entre vie professionnelle et personnelle a atteint de nouveaux sommets, avec une nouvelle étude selon laquelle de plus en plus de Français ont "la flemme" de travailler, de sortir, et même de voir des gens[1] », raille un journaliste du *Daily Telegraph*.

Quoi qu'il en soit, dans cette ère de la grande « rétractation », l'amour n'est pas épargné. « L'oblomovisation de l'amour » se fait à marche forcée et elle consiste à désinvestir les rapport amoureux, à mesurer l'énergie au préalable, à tenter d'anticiper les tempêtes comme si elles étaient prédictibles. Les partisans du moindre effort rechignent à prendre le risque de la rencontre, de l'aventure et par-dessus tout, de souffrir : c'est ce que dit ce grand mouvement de démission en amour, appuyé par les femmes savantes. Tandis que l'effort est évité toujours davantage dans les moindres activités de la vie, la plus grande aventure humaine est perçue avec méfiance et les Oblomov de l'amour se multiplient. De façon étonnante, cet attrait a un impact sur la manière d'occuper son temps libre, par exemple, regarder Netflix vaut mieux que de

1. Henry Samuel, « French have got even lazier, study shows », *The Daily Telegraph*, 14 novembre 2022.

faire l'amour pour un quart de l'humanité, selon une étude du *Wall Street Journal*[1]. Le quotidien financier américain, réputé pour son sérieux, l'affirme dans une enquête qui quantifie le lien entre consommation de flux en streaming et baisse de la libido. Il en ressort qu'une personne interrogée sur quatre préfère, sans la moindre honte, s'abrutir devant des vidéos les pieds en éventail à la nuit tombée que de déshabiller langoureusement un de ses congénères. Un quart préfère atteindre la béatitude assis dans un canapé que de se livrer aux délices d'une nuit à deux. Mieux que les chaînes de télévision publiques ou privées, les plateformes de streaming ne vous obligent pas à regarder les écrans de publicité. Fini les pauses et les publicités qui permettent de se lover dans les bras de son ou sa partenaire, puisque les épisodes se succèdent les uns après les autres de façon automatique. Un chiffre qui monte à 36 % chez les 18-38 ans, génération de jeunes adultes qui, en général, a suffisamment expérimenté les deux pour décider souverainement ce à quoi elle veut passer son temps. Certains vont jusqu'à désigner cette préférence comme la cause de la baisse de leur

1. Shalini Ramachandran, « Let's Watch Netflix : Three Words Guaranteed to Kill a Romantic Mood », *The Wall Street Journal*, 21 avril 2019.

désir, voire de la chute de la natalité aux États-Unis. « Certains jeunes couples qualifient la plateforme de streaming de nouveau contraceptif », juge le journaliste avec un sens évident de l'extrapolation.

Cette enquête n'explore pas l'impact des écrans sur cette variable difficilement quantifiable qu'est le renoncement à sortir de chez soi pour aller siroter un cocktail dans un bar, faire le choix mental – avec ou sans culpabilité – de rester chez soi à s'empiffrer de chips, à laisser son esprit vagabonder au gré d'un scénario écrit d'avance, plutôt que de s'aventurer sur le chemin escarpé des relations humaines. Parmi les variables de l'étude ne figure pas cet appel de l'écran après une journée de travail, vous privant de la perspective d'une sortie festive à la rencontre d'inconnus, dans un pyjama en pilou pilou. L'étude a néanmoins suscité l'agacement de Netflix : « Nous sommes fiers de faire partie de l'esprit culturel moderne, mais obtenir la responsabilité de la baisse de vie sexuelle est au-delà de nos capacités de programmation », a insisté la puissante plateforme de production. Bien entendu, ni Netlix ni l'écran ne sont responsables du bouleversement des habitudes. Aucun des deux ne mérite une place sur le banc des accusés des attaques contre le désir : ce ne sont pas eux qui appuient sur la télécommande. Le coupable est plutôt ce penchant humain un peu honteux qui consiste à être partisan du moindre effort, à privilégier la sécurité et le confort, plutôt que s'aventurer à l'extérieur qui peut être perçu comme une agression. Il y a un Oblomov qui sommeille en chacun de nous, d'où le concept d'« oblomovisation » tombé à raison dans le langage courant. Ce qui est cocasse, c'est qu'il se réveille dans une société endormie.

La tendance de l'« amour sécuritaire » combinée à l'« oblomovisation de l'amour » permet au discours des précautionnistes de prendre assise et de mieux plaider pour que la femme se détourne de l'homme. Elles captent l'esprit du temps, ses doutes et ses inquiétudes, pour mieux asseoir leur lutte misandre et convaincre les femmes de renoncer comme elles. Ovidie, intellectuelle du sexe et de l'amour revendiquée, le formule sans ambages. Cette auteure féministe installée, ancienne actrice pornographique, a publié un long témoignage intime sous forme de livre, pour annoncer en grande pompe son renoncement aux relations sexuelles avec les hommes et s'enorgueillir de voir ce mouvement se généraliser. « Cette multitude de femmes qui décident simultanément de se mettre en disponibilité ou de devenir lesbiennes, on ne me fera pas croire que ce n'est pas une rupture civilisationnelle qui est en cours », se réjouit-elle. Dans *La chair est triste hélas*, dont le titre est particulièrement évocateur, elle raconte longuement toutes les déceptions amoureuses qui l'ont menée à se détourner des hommes. Trompée par son mari avec une nymphette de la moitié de son âge, dégoûtée de la goujaterie de ses amants qui profitent de son corps sans aimer, de ces égoïstes masculins qui ne se chargent au lit que de leur propre plaisir et qui la laissent dans sa frustration et ses cystites à répétition, elle annonce la couleur sans détour. L'auteure choisit d'exclure la moitié de l'humanité de son champ des possibles au nom d'une poignée de sagouins. Au nom d'une succession de fiascos, Ovidie se laisse gagner par des passions tristes et le désenchantement, sombre dans le ressentiment et l'aigreur, l'esprit de vengeance, en fait une véritable politique du renoncement, au point d'appeler à l'instituer pour toutes. Comme Laura Warrell dans le *Washington Post*, elle se réjouit de s'investir davantage dans ses activités intellectuelles, ses livres, ses documentaires pour Arte, ses amitiés.

Ovidie incarne ce courant néoféministe pantouflard qui voudrait en finir avec l'amour pour la potentielle douleur qu'il implique et qui se sert d'une poignée d'expériences malheureuses pour établir des généralités sur les hommes. Et comme chaque fois, ces grandes confessions annoncées tambour battant sont le signe d'un romantisme rentré : ce sont celles et ceux qui ont les sentiments les plus grands, qui se sentent le plus fragiles, qui s'arc-boutent à l'amour sécuritaire, voire qui renoncent purement et simplement. La politique du renoncement muée en éloge du célibat est une réaction épidermique d'êtres blessés qui se sentent incapables de tenter le diable une nouvelle fois. Comme un soldat qui a perdu trop de sang au cours d'une bataille pour retourner au combat. Beaucoup de néoféministes sont de profondes romantiques en mal d'absolu, qui ne parviennent pas à accepter l'échec amoureux et préfèrent y renoncer et se lancer dans une guerre contre les hommes. C'est ce que nous raconte cet étalage de témoignages dans la presse, la radio et les rayons des librairies : ils ne nous disent rien de la libération de la condition féminine mais tout, au contraire, de son enfermement dans la crainte et l'angoisse, faisant de l'autre sexe la seule altérité à laquelle il est interdit de tendre la main. Cette peur a même un nom : la « philophobie », qui signifie, *stricto sensu*, la peur de l'amour. Terme défini comme un trouble de l'attachement handicapant qui consiste à mettre en place toutes sortes de mécanismes de défense pour se prémunir contre toute forme d'affection.

Pourtant, comme chacun sait, la peur n'évite pas le danger. Je me permettrai – comme tous les auteurs infiniment prétentieux – de citer un trait de la lettre ouverte que je lui ai adressée après lecture de son livre, publiée dans *Le Figaro*[1]. « Toute l'offensive intellectuelle du monde que vous mènerez ne saurait stériliser ce désir profond et sain qui vous a animée jusqu'ici. On ne renie pas sa nature à coups de leçons de morale envers soi-même. Si vous avez aimé un homme un jour, vous en aimerez d'autres demain, la vie est ainsi faite. » Je parie sur l'effondrement de cette lutte stérile, l'arrêt des combats des sexes pour la simple et bonne raison que la biologie cellulaire tend à les rassembler. La femme, comme l'homme, n'est pas une calculatrice, une machine à calcul froide et sans âme régie uniquement par le principe de précaution. Plus encore : toute la rééducation physique et mentale ne saurait avoir raison de ce désir puissant et sain qui anime le désir et l'amour de l'autre sexe. Il y a dans ce sentiment un élan aussi vital que celui de respirer et qui pousse au mouvement. Pour la plupart des êtres, c'est ainsi que se manifeste le plus beau sentiment humain. Même Oblomov, obligé par les grands mouvements de l'extérieur, finit par sortir de chez lui et abandonner ses pantoufles sur le pas de la porte.

1. Noémie Halioua, « Lettre à Ovidie qui déclare avoir renoncé aux hommes », Lefigaro.fr, 28 mars 2023.

5

La Belle au bois dormant ou « l'apologie du viol »

Il était peu probable que les mythes qui vantent les pouvoirs mystiques de l'amour échappent à la fureur des néo-féministes. Alors que prises dans un esprit de système, elles interprètent le moindre événement de la vie intellectuelle, les récits naïfs qui bercent notre enfance n'avaient aucune chance de passer au travers des filets de leur offensive contre l'amour. Il était sûr qu'elles iraient traquer les « porcs » jusque dans les contes pour enfants, et particulièrement ceux qui affirment en épilogue que l'amour peut vaincre tous les sortilèges, rompre tous les maléfices, démentir les lois les plus élémentaires de la physique. Ceux qui prédisent un enchantement de la rencontre et un avenir meilleur à deux. Avec les œillères de la victimologie féministe, les voilà devenus des récits dégradants, véhiculant des valeurs misogynes, nécessitant des avertissements au nom de la protection de l'enfance. Ces contes-là seraient une métaphore de l'esclavage sexuel des femmes. Comme d'habitude, les femmes savantes ont plusieurs guerres de retard. Au XVIIe siècle, lorsque la femme était aussi libre qu'un manche à balai, on débattait de l'intérêt des contes de fées dans les salons littéraires : ce divertissement est-il naïf ou, au contraire, une porte d'entrée dans des contrées philosophiques ? Désormais, en Occident, alors que les femmes n'ont jamais été aussi indépendantes, des analystes y voient une représentation dégradante des princesses qui seraient obéissantes, passives, façonnées par et pour un regard masculin, alors même que leurs héroïnes sont pour la plupart au cœur du récit, assez fortes pour assumer leurs désirs, et que l'intrigue a pour trame leur destinée. Cette lecture des contes de fées inspire de nombreux travaux en France et outre-Atlantique, qui s'attellent à déboulonner ces idoles au nom de l'émancipation des icônes traditionnelles pour d'autres, jugées plus progressistes, et ne consiste en fait qu'à préparer leur remplacement. Les princesses des contes de fées qui font de la rencontre amoureuse un élément central font place à d'autres qui se contrefichent de vivre une histoire d'amour – mais nous y reviendrons.

Grossophobie, sexisme, hétérosexualité imposée, manque de diversité quasi sectaire : les contes de fées tels que popularisés par l'industrie Disney sont au cœur de toutes les critiques contemporaines. C'est ainsi que, en 2019, à la demande d'associations qui déclarent agir au nom des femmes, plusieurs établissements scolaires catalans retirent de leurs étagères des ouvrages accusés de « véhiculer des stéréotypes sexistes ». À Barcelone notamment, l'école Taber retire 200 ouvrages de son catalogue destiné aux enfants de moins de 6 ans, dont de nombreux contes de fées, ce qui équivaut à 30 % de sa collection. « La société évolue et est plus sensible à la question du genre. Dans la petite enfance, les enfants sont des éponges et absorbent tout ce qui les entoure afin de pouvoir naturaliser les schémas sexistes. Ces ouvrages livrent un message sur qui peut exercer la violence et contre qui[1] », juge Anna Tutzó, une des mamans d'élèves qui soutient le projet. Les contes pour enfants sont coupables d'être écrits par des hommes, de conditionner le cerveau des fillettes et des petits garçons, de pervertir des générations d'esprits faibles, de coloniser les fantasmes par la soumission féminine. Ils plaqueraient sur le genre féminin des clichés qui pèsent lourd, comme le fait qu'une femme doive impérativement être sauvée par

1. Camille Cado, « À Barcelone, une école retire 200 livres jugés sexistes de sa bibliothèque », ActuaLitté.fr, 15 avril 2019.

un homme pour donner un sens à sa vie. Une lecture strictement sociale et politique d'œuvres de fiction, qui n'est pas sans rappeler celle du réalisme socialiste qui s'employait, à la grande époque communiste, à censurer les œuvres qui s'écartaient de la propagande officielle du parti au nom de la corruption potentielle des esprits. Chaque livre et chaque œuvre était perçu comme une arme, à promouvoir ou à interdire, dans une guerre culturelle sans merci qui visait à travestir le réel. Les œuvres littéraires et artistiques se devaient de se conformer à la lettre à la doctrine officielle, avaient pour fonction de chanter les louanges du totalitarisme sous peine de poursuites. Ce boycott pratiqué sans scrupule par les communistes au nom de la défense d'une idéologie totalitaire n'est pas sans rappeler cette traque aux contes de Perrault ou des frères Grimm, qui ont le toupet de s'écarter des nouveaux standards moraux.

Parmi les œuvres boycottées par l'école espagnole figurent *Le Petit Chaperon rouge*, et surtout *La Belle au bois dormant*, régulièrement cité dans le procès en sexisme fait aux contes de fées. Le récit de la princesse Aurore est sous le feu des appels au boycott de diverses manières, accusé de donner une caisse de résonance à la culture du viol, de reproduire les stéréotypes entre les hommes et les femmes, en présentant son personnage sauvé par un prince, alors qu'elle pourrait très bien se sauver toute seule comme une grande (ou en demandant de l'aide à un chat par exemple). Comme celui de *Blanche-Neige*, le conte de *La Belle au bois dormant* décrirait une agression sexuelle sur une personne inconsciente, érotiserait le comportement d'un prédateur sexuel. Le prince Philip serait en fait un « porc » qui s'ignore dont le nom aurait été affiché sur Twitter s'il avait atteint la majorité au temps de l'affaire Weinstein. Le prince Philip aurait dû laisser dormir la princesse, quitte à la condamner au sommeil éternel, plutôt que de déposer un baiser sur ses lèvres sans le lui avoir demandé auparavant.

Pour comprendre ces critiques, replongeons-nous dans l'histoire, ou plutôt, les interprétations successives de ce conte qui n'a cessé d'être remanié avec le temps. À chaque époque, de nouvelles versions tronquées et édulcorées sont venues se substituer aux précédentes, amputant une nouvelle part de violence, afin de les rendre supportables pour des générations qui se sentent égratignées par un rien. Un jour, peut-être, au siècle prochain, naîtra une nouvelle interprétation tout à fait conforme à la pénalisation des relations amoureuses, au cours de laquelle le prince devra signer un contrat avant d'embrasser la princesse, contrat qu'ils auront préalablement établi dans le cabinet d'un notaire en présence de leurs avocats.

Ils auront par ailleurs négocié certains détails (avec ou sans la langue, nombre de secondes passées à s'embrasser, etc.), formalisé le consentement ou non aux préliminaires et les coûts potentiels de la rupture. Pour l'heure, retour sur la chronologie des différents récits : au XVIe siècle, Giambattista Basile publie *Soleil, Lune et Thalie.* Cette version initiale présente un viol au sens strict puisqu'un roi découvre dans un palais au cours de l'un de ses vagabondages le corps de Thalie, une belle femme endormie par un sort, après avoir été piqué par une écharde de lin sous l'ongle. Il couche avec elle, lui donnant deux enfants qu'elle ne découvrira qu'à son réveil. S'il fallait se cantonner à une lecture politique des œuvres, cette représentation aurait eu toutes les raisons de susciter des haut-le-cœur, mais elle n'est lue aujourd'hui que par une poignée de savants qui s'intéressent au sujet. Au siècle suivant (1697), Charles Perrault popularise l'histoire dans un conte parfaitement chaste, au cours duquel le prince, obnubilé par la beauté de la princesse, n'a rien d'autre à faire qu'à se mettre à ses genoux et attendre son réveil après un sommeil de cent ans. Une version acclamée par les bigots d'hier et d'aujourd'hui, dans laquelle le prince n'ose toucher la princesse et qui ne fait aucun effort pour la ramener à la vie si ce n'est de poireauter. Les voilà tous les deux passifs en attendant que le sort prenne fin. C'est avec celle des frères Grimm (1812) qu'apparaît le baiser d'amour, que l'on retrouvera deux siècles plus tard dans le récit de Walt Disney (1959). Fomenté par l'industrie américaine après la guerre, porté à l'écran grâce à l'image parlante du dessin animé, et bénéficiant de la force de frappe de la culture de masse, ce récit, qui inclut le baiser d'amour du prince Philip comme façon de briser le sortilège, fera autorité après sa diffusion. Le début du récit est simplifié : « Il était une fois » dans la version Disney, comme le veut la tradition, dans un lointain pays imaginaire, une reine et son époux malheureux comme des pierres de ne pas réussir à avoir un enfant. Tardivement, leur rêve se réalise et une princesse voit le jour : ils l'appellent Aurore, comme les prémices du jour souvent synonymes d'espoir. Le soir de son baptême, Maléfique, une méchante sorcière, vexée comme un pou de ne pas avoir été invitée à l'événement, se venge sur l'enfant en lui jetant un sort : à 15 ans, elle se piquera le doigt avec un fuseau et en mourra. Un sortilège qui ne peut être effacé, mais qui sera néanmoins atténué par une bonne fée : au lieu d'en mourir, elle dormira cent ans, puis sera réveillée par « le baiser d'amour sincère » d'un prince charmant. Finalement il la trouve, a le toupet de l'embrasser, de la réveiller, et pour finir, « ils vécurent heureux et eurent beaucoup d'enfants ». Popularisé par l'entreprise Disney, ce conte narre une inoffensive histoire pour enfants qui place l'amour au centre du jeu, mais devient avec une lecture féministe une œuvre qui fait « l'apologie du viol ».

Plus que de la passivité de la part de la princesse, ces interprétations y voient une représentation des stéréotypes des violences faites aux femmes. « L'atonie dans laquelle l'héroïne est plongée n'est plus un fait merveilleux mais un moyen de faire croire au lecteur que celle-ci se délecte des violences masochistes à son encontre[1] », considère un article de la revue *Sociopoétiques*, éditée par l'université Clermont Auvergne. Sous la fausse marque de merveilleux, *La Belle au bois dormant* « brouille la frontière entre fantasme et crime, en soustrayant le caractère violent du comportement du prince ». Il faudrait des fantasmes lisses, sans violence et sans surprise, pour accompagner un accord exprimé verbalement. Dans une lecture littéraliste qui voudrait que l'on puisse entamer de sérieuses discussions avec des animaux en forêt et garder une peau fraîche après un sommeil de cent ans, le

1. Hermeline Pernoud, « *La Belle au bois dormant* fantasmée : culture du viol et consentement dans les réminiscences contemporaines d'un conte de fées », *Sociopoétiques*, 4, 2019.

prince Philip serait coupable d'agression sexuelle pour avoir embrassé Aurore sans lui avoir demandé la permission. Là aussi, les critiques de *La Belle au bois dormant* ne se résument pas à quelques gesticulations d'intellectuelles faussaires dans des revues obscures : la culture populaire donne une force de frappe à cette réinterprétation victimaire. C'est ainsi qu'en mars 2020, Keira Knightley, connue notamment pour incarner le premier rôle féminin dans le blockbuster *Pirates des Caraïbes*, l'a ciblé ouvertement lors de la promotion du film d'animation *Casse-Noisette* pour lequel elle prête sa voix. Dans un entretien au magazine féminin *Porter*[1], l'actrice anglaise a d'abord confié avoir la dent dure contre l'affreuse *Petite Sirène* qui « l'agaçait le plus », cas sur lequel nous reviendrons, puis s'est réjouie de la réaction hostile de sa fille de 4 ans et demi lorsqu'elle lui a fait visionner le fameux film d'animation. « Quand elle a vu *La Belle au bois dormant*, elle a dit : “Ce n'est pas normal que l'homme embrasse la princesse sans sa permission !” Vous n'imaginez pas à quel point j'étais ravie ! » s'est-elle félicitée. Bien sûr, il est peu probable que sa fille ait fait seule le cheminement de pensée jusque cette réflexion,

1. Katie Berrington, « Cover Story, Acting out with Keira Knightley », *Porter*, 9 mars 2020.

mais bien davantage envisageable qu'au nom d'une éducation « féministe », sa mère lui ait planté dans l'esprit la graine de la méfiance, pour percevoir dans cet innocent dessin animé l'illustration d'un danger potentiel pour la future femme qu'elle sera.

Le fait que le prince charmant embrasse la princesse endormie sans son autorisation déclenche donc de nombreux levers de boucliers. Pourtant, l'histoire de *La Belle au bois dormant* en dit davantage sur la résurrection par l'amour que sur un « viol par la bouche ». Si ce dessin animé demeure une œuvre d'anthologie plus d'un demi-siècle après sa réalisation, ce n'est pas parce qu'il célèbre la « culture du viol » ou qu'il humilie une jeune femme, mais qu'il raconte la possibilité d'une échappatoire dans la vie. *La Belle au bois dormant* nous dit que l'amour est plus fort que la mort, plus fort que le mal, qu'il incarne le souffle, la vie, la possibilité de désamorcer l'impossible. Ce conte nous dit que l'union de deux êtres peut démentir les lois de la physique, déjouer les plus grands sortilèges, rompre tous les maléfices. Qu'il demeure toujours une solution, un espoir, une lumière dans l'obscurité, même quand tout semble perdu. Le baiser qui amorce une renaissance illustre le lien profond entre l'amour et la vie, qui existe préalablement dans le corps féminin avec la capacité d'enfanter. Le prince Philip traverse monts et vallées, embrasse Aurore parce qu'il l'aime et pour la réveiller d'un sommeil éternel, pas pour la forcer à lui faire une fellation. Or les intentions louables du prince peuvent être balayées d'un revers de main parce qu'il est dans l'air du temps de s'acharner sur les hommes. Quant à Aurore, si elle ne lui envoie pas une taloche après son geste, si elle ne lui demande pas de déguerpir lorsqu'elle se réveille, c'est sans doute qu'elle n'a pas trouvé cela désagréable d'être réveillée par le baiser d'amour d'un homme. Et pas de n'importe lequel : le baiser d'amour de celui qu'elle aime et qu'elle aimait bien avant de sombrer dans un long sommeil, à qui elle dédiait la chanson « J'en ai rêvé », dans laquelle elle affirme l'avoir déjà rencontré au cours d'un songe vivifiant. Les paroles, dont voici un extrait, laissent peu de place à l'ambiguïté quant à ses sentiments pour lui :

Mon amour
Je t'ai vu au beau milieu d'un rêve
Mon amour
Un aussi doux rêve est un présage d'amour
Refusons tous deux que nos lendemains soient mornes et gris
Nous attendrons l'heure de notre bonheur
Toi ma destinée
Je saurai t'aimer
J'en ai rêvé

Qu'une femme aime un homme qui l'embrasse pour la réveiller ne mérite pas un procès pour viol, ni de retirer ses pérégrinations des étagères des écoles au nom de la protection des enfants. Aurore est fragile à cause du sort qui lui a été jeté, mais elle est aussi puissante et libre, capable de dire non si elle le souhaite. Considérer par principe que la princesse est une victime, incapable d'exprimer un refus et de simuler un plaisir, voilà qui en dit bien davantage sur l'imaginaire de celui ou celle qui formule cette interprétation. Sans compter que cette lecture parasite la compréhension globale du conte et minimise la cruauté de la véritable méchante : Maléfique, la mauvaise fée qui a jeté le sortilège à la jeune princesse, après avoir été vexée comme un pou de ne pas avoir été invitée à la grande fiesta de l'année !

Dans le même esprit d'interprétation fallacieuse, *La Petite Sirène*, comme *La Belle au bois dormant*, concentre les foudres du nouveau catéchisme moral. Dans ce conte (mon préféré), Ariel, princesse sirène des océans, conclut un pacte avec la sorcière Ursula : elle renonce à sa voix magnifique en échange de jambes pour rejoindre le royaume des humains et tenter sa chance avec le prince Éric qu'elle trouve beau comme un dieu. L'interprétation de Disney (1989) est plus douce que la version originale écrite par le Danois Hans Christian Andersen (1837), dans laquelle elle consent à se faire couper la langue et préfère mourir dans d'atroces souffrances que de poignarder l'homme qu'elle aime. La version originale et l'interprétation américaine ont cependant l'essentiel en commun : Ariel est une jeune femme à l'esprit de conquête et active pour son destin – elle n'attend pas qu'on lui dépose un baiser sur la bouche pour partir en quête de liberté, c'est elle qui jette son dévolu sur le prince et non l'inverse, sa chanson phare « Partir là-bas » est une métaphore du passage à l'âge adulte, une ode à l'aventure, un élan vers l'altérité – mais qu'importe pour les moralistes : qu'une femme puisse prendre des risques de sacrifice par amour est dégradant. « J'ai rematé *La Petite Sirène* il n'y a pas longtemps, c'est le climax du sexisme[1] », jugeait la chanteuse Camélia Jordana en février 2021 dans une interview vidéo diffusée sur le média en ligne Konbini. « En tant que modèle, Ariel, qui abandonne sa voix, sa famille et ses amis pour être avec un homme qu'elle connaît à peine, laisse à désirer[2] », juge un article dans Slate. « Elle est en prime sexualisée et incarne des standards de

1. « Camélia Jordana raconte *La Petite Sirène* », Konbini, 16 février 2021.

2. Vincent Manilève, « *La Petite Sirène* est-il vraiment un dessin animé sexiste ? », Slate, 20 novembre 2014.

beauté inatteignables, avec sa chevelure XXL et son micro-ventre[1] », juge un autre, publié sur Aufeminin.com. Vous l'aurez compris : seule une Petite Sirène bedonnante délaissant le prince Éric, renonçant à renoncer, pourrait rejoindre le club des « Girl Power » désenchantées, en lutte contre un « patriarcat » imaginaire. Seule une Petite Sirène incapable du moindre sacrifice par amour aurait le droit d'être défendue par les défenseuses autoproclamées des femmes. Pour que son destin soit conforme à l'idéologie néoféministe, Ariel aurait dû faire comme Mia dans le film *La La Land* : enfermer ses souvenirs dans ses fantasmes et tourner les talons. Elle aurait dû vivre avec des regrets, faire la tournée des bars en rentrant du boulot ou choisir un prince qui coche toutes les cases. Pourtant, Ariel est le symbole de la liberté, elle poursuit ses désirs envers et contre tout : elle s'émancipe de sa famille, du joug de son père, le roi Triton, de ses corvées familiales. Elle suit ses désirs et transgresse tous les interdits du royaume des mers, elle est prête à tout pour rejoindre le monde des humains qui lui est étranger, elle conquiert celui qu'elle a choisi. Elle est attirée par ce monde étranger qu'on lui décrit comme étant « barbare », et préfère,

1. Mélanie Bonvard, « Disney : *La Petite Sirène*, princesse badass ou dessin animé », Aufeminin.com, 7 avril 2021.

en le choisissant, faire un éloge de la différence, de l'altérité. Cela ne méritait-il pas de se priver de sa voix pendant trois jours ? Aurait-il fallu qu'elle ne consente à rien pour gagner en héroïsme auprès d'une génération de féministes enragées ? Que dire d'ailleurs de son père qui, dans un accès de désespoir, échange sa vie contre celle de sa fille pour qu'elle vive, avant que le prince ne rompe le sort maléfique ? Et, plus largement, comment est-il possible de ne concevoir les contes de fées qu'à travers le prisme d'un fantasmatique rapport de domination entre les sexes ? Cette réinterprétation n'est-elle pas un crime contre l'intelligence, une trahison grossière envers tant de personnages et de situations, réduits à une grille de lecture uniquement politique ?

C'est dans ce contexte de déchaînement contre les contes de fées, contre Aurore de *La Belle au bois dormant* accusée d'érotiser un « viol » commis par le prince Philip, et Ariel, de *La Petite Sirène*, coupable d'avoir sacrifié sa voix trois jours pour le prince Éric, que naissent les princesses nouvelles génération, considérées comme « plus féministes », qui traversent leur aventure sans le moindre semblant d'histoire d'amour. Adieu les tailles de guêpe, les cheveux lisses et la quête amoureuse : les nouvelles héroïnes ont des bourrelets, des épaules de déménageurs et n'en ont rien à faire de partager une expérience avec un homme. Adieu la magie, bonjour le réel, jusque dans les récits issus de l'imaginaire. C'est le cas notamment de *Rebelle*, héroïne des Studios Pixar qui voit le jour en 2012, qui envoie valser trois princes qui lui sont servis sur un plateau par sa mère, sans pour autant en choisir un autre plus à son goût. Merida arbore une crinière rousse, un regard déterminé et porte un arc à la main, elle sillonne la forêt à toute vitesse sur son cher destrier. Merida a mieux à faire que d'espérer être touchée par la flèche de Cupidon, elle ne susurre pas de chanson sirupeuse avec un regard mielleux, elle s'en tamponne le coquillard qu'un prince débarque dans sa vie. Cette « anti-princesse moderne » commence son aventure précisément en tournant le dos à sa mère qui souhaite la marier contre son gré. Cette aventure solitaire réjouit le magazine féminin *Elle* : « Pour une fois, il ne s'agit pas d'une jolie princesse qui ne rêve que d'une chose : rencontrer son prince charmant. Merida, c'est tout l'inverse de Blanche-Neige, Cendrillon & Co : ce qu'elle souhaite par-dessus tout, elle, c'est monter sur son cheval Angus et manier le tir à l'arc comme personne dans son royaume[1]. » La fille du roi

1. Khadija Moussou, « "Rebelle" : un conte de fées moderne et féministe ! », *Elle,* 1er août 2012.

d'Écosse « fait valser le code d'honneur des princesses et fait passer Blanche-Neige, Cendrillon et autres Belles au bois dormant pour une brochette de réactionnaires effarouchées[1] », s'enthousiasme *La Nouvelle République,* lors de la sortie en salles. Qu'une princesse vive son aventure sans son prince charmant réjouisse autant ne peut que surprendre. Le renoncement à l'amour serait-il le summum de l'émancipation de la femme ? L'amour ne serait-il qu'un attachement archaïque qui ne subsiste encore qu'en attendant d'être englouti par l'histoire ? Pour être à la pointe du féminisme moderne, faut-il partir seule faire le tour du monde ou vivre avec des chats ? Dans cette conception individualiste de la vie, la femme ultime est celle qui n'a plus besoin d'homme pour vivre, pour partir à l'aventure, et même pour s'acheter des fleurs. Un plaisir chéri dans le titre phare de Miley Cyrus, *Flowers*, dans lequel la chanteuse américaine se vante de pouvoir se faire plaisir toute seule comme une grande. Le refrain repris en boucle par les jeunes générations de femmes notamment sur le réseau social TikTok dit ceci : « *I can buy myself flowers / Write my name in the sand / Talk to myself for hours / Say things you*

1. « "Rebelle", l'anti-princesse selon Disney », *La Nouvelle République*, 2 juillet 2012.

don't understand[1] », disent les paroles que même un piètre anglophone pourrait traduire. Le titre, présenté comme « un hymne féministe », et écouté plus de cent millions de fois sur la plateforme musicale Spotify, a été écrit à la suite d'une rupture avec l'acteur Liam Hemsworth et clame haut et fort la puissance de la vie en solitaire. C'est un symbole fort d'indépendance, mais aussi une façon d'affirmer combien l'homme est obsolète : s'il n'y a même plus besoin de lui pour s'offrir des fleurs, alors à quoi peut-il servir ?

Quatre ans après Merida, comme pour embrasser l'esprit du temps, une autre princesse, du studio Disney cette fois (tout un symbole), poursuit une aventure sans histoire d'amour. Dans ce film d'animation diffusé dans les salles françaises fin novembre 2017, Vaiana, 16 ans, princesse et navigatrice polynésienne, part à la recherche d'une île perdue avec un coq loufoque et un demi-dieu obèse avec des cheveux à la coupe au carré. Durant toute son épopée, elle ne vit pas la moindre romance et cela ne lui effleure même pas l'esprit : elle se passionne pour l'océan, à qui elle dédie ses chansons, l'occasion de

1. « Je peux m'acheter des fleurs, écrire mon nom sur le sable, me parler pendant des heures, dire des choses que tu ne comprends pas. »

rappeler la culpabilité de l'humanité dans la dégradation des fonds marins. La chanson phare de la bande originale s'intitule « Bleu Lumière » et consacre la lumière, la mer, la puissance de la nature qui peut nous éblouir sans qu'on ait besoin d'être accompagné. Présentée avec enthousiasme comme « la première princesse Disney sans prince charmant », Vaiana est acclamée par les mouvements féministes pour se ficher d'être embrassée sur la bouche. Et ce choix scénaristique ne doit évidemment rien au hasard : Ron Clements et John Musker, les réalisateurs à qui l'on doit *La Petite Sirène*, *Aladdin* ou encore *Hercule*, l'ont fait à dessein. « Vaiana est unique dans l'histoire des princesses de Walt Disney Animations : c'est un récit d'apprentissage centré sur une héroïne aventurière et il n'y a absolument aucune romance [1] », se réjouissent-ils avant d'ajouter : « Vaiana n'est ni l'acolyte, ni la fiancée, ni la fille en détresse : c'est une jeune fille irrésistible, passionnée, effrontée et inspirante que les enfants pourront prendre pour exemple. »

Drôle de façon d'invoquer la liberté de la femme pour se réjouir de la fin de l'amour dans les contes de fées. Nous voyons que cet enthousiasme

1. « Festival d'Annecy : *Vaiana,* la première princesse Disney sans prince charmant », TF1.fr, 18 juin 2016.

à « casser les codes », à rejeter *La Belle au bois dormant* ou *La Petite Sirène* comme des princesses dépassées, coupables de s'investir à corps perdu dans un amour fou, ou d'être sauvées par lui, ne vise pas seulement à développer un récit autour d'une princesse forte et indépendante, mais bien davantage à façonner des récits où l'individualisme est roi. L'idée est que l'amour est une perte de temps, une aspiration stérile qui n'a plus de raison d'être à l'heure de l'émancipation féminine, qu'il est davantage excitant de sauver le monde ou d'affronter des méchants – comme si les deux étaient antinomiques. Ces nouvelles princesses sans romance viennent nous dire que l'amour est un sentiment dépassé, archaïque, passé de mode. Elles viennent nous dire que la femme puissante est celle qui vit seule, débarrassée de toute velléité amoureuse, mettant en application ce que théorisent les nouvelles ligues de vertu féministes. Ce célibat heureux, la nouvelle promesse d'un avenir radieux centré autour de son nombril, qui chasse le risque jugé insupportable de pouvoir être embrassée par l'homme qu'on aime dans son sommeil. Le prince charmant, qui n'était déjà au fond qu'une pièce rapportée, un accessoire visant à accomplir le destin de la princesse, disparaît complètement des radars. La femme amoureuse disparaît, tout comme l'homme amoureux, remplacé soit par un bon copain soit par un animal de compagnie, peu susceptible de susciter du désir.

Ce tropisme militant de Disney, qui vise à se plier aux nouvelles normes des minorités ultra-sensibles, aux diktats de l'inclusivité et de la diversité, ne lui a par ailleurs pas porté chance : la marque américaine, longtemps classée parmi les plus plébiscitées et les plus populaires, est tombée en disgrâce aux États-Unis. Selon un sondage Axios-Harris, en 2023, Disney n'occupe plus que la 77e place des 100 firmes les plus appréciées aux États-Unis, soit une perte de 10 points par rapport à l'année précédente. Pire : Disney a été classée 5e marque la plus clivante de l'année. Le géant du divertissement qui s'était longtemps tenu à l'écart des controverses s'est laissé piéger en s'engageant dans la guerre culturelle qui divise les Américains, suivant la tendance « wokiste », par exemple avec la mise en place temporaire de toilettes non genrés dans ses parcs, ou en habillant des hommes en fées marraines. « En essayant de n'offenser personne, Disney a apparemment perdu tout le monde », résume le *New York Times*[1].

1. Brooks Barnes, « Disney, Built on Fairy Tales and Fantasy, Confronts the Real World », *New York Times*, 17 avril 2022.

Une poignée de détracteurs qui détestent l'amour et les contes de fées qui les mettent en scène ignorent les trésors de sagesse qu'ils déploient, tout comme des fondamentaux universels, d'enseignements du bon, du beau, d'optimisme qui enchantent l'enfance et aident à s'armer pour la vie. Si certains d'entre eux demeurent indémodables des siècles après leur parution, c'est parce qu'ils donnent accès à une dimension humaine universelle. Ils ont un pouvoir initiatique et thérapeutique, un pouvoir d'apprentissage. Les contes enseignent aux petits et aux grands la puissance de l'amour, mais plus encore : que l'on peut affronter seul la vie et s'en sortir, surmonter les chagrins les plus terribles, tomber et se relever. Les contes de fées propulsent les lecteurs dans des temps fort lointains pour mieux mettre à distance les difficultés potentielles de la vie et les appréhender. Le philosophe Fabrice Midal énumère quelques-unes des leçons des contes de fées qui justifient selon lui le fait de faire l'éloge de leur existence : ils montrent « qu'être fort, c'est reconnaître ses failles et les assumer[1] ». Les contes de fées nous enseignent aussi « la puissance du féminin », car les princesses jouent un rôle central et actif au cœur des récits. Ils apprennent

1. Fabrice Midal, *Les princesses ont toujours raison*, Flammarion, 2023.

à « ne pas avoir peur du négatif », à se retrousser les manches et assumer ses responsabilités, « à se moquer des caprices du pouvoir despotique », ou encore la force de l'amour. « Le crapaud, l'ours ou le monstre qui se transforment en prince charmant en sont une métaphore que chacun de nous a eu l'occasion de vivre bien plus souvent qu'on l'imagine ; dans toute relation profonde, l'autre et soi-même sont complètement transformés », analyse-t-il.

Les contes offrent aussi aux jeunes esprits un accès à la symbolique, une porte de sortie aux angoisses, ils traduisent des peurs enfouies pour mieux les terrasser dans l'imaginaire : c'est la théorie du célèbre psychanalyste américain d'origine autrichienne, Bruno Bettelheim. Dans son essai de référence, *Psychanalyse des contes de fées*[1], il défend la valeur cathartique du conte, qui permet de projeter des angoisses, d'expérimenter ses peurs pour mieux les maîtriser et s'en détacher. « La lutte contre les graves difficultés de la vie est inévitable et fait partie intrinsèque de l'existence humaine », explique-t-il, lui qui voit dans les contes de fées une formidable manière de s'armer pour l'existence. Car si, « au lieu de se dérober, on affronte fermement les

1. Bruno Bettelheim, *Psychanalyse des contes de fées*, Robert Laffont, 1976.

épreuves inattendues et souvent injustes, on vient à bout de tous les obstacles et on finit par remporter la victoire ». Il interprète par exemple le sommeil de *La Belle au bois dormant* comme un récit initiatique pour les jeunes filles, qui les prépare à la transition vers l'âge adulte que constitue l'adolescence. Or cette fonction thérapeutique est balayée par les interprétations fallacieuses qui persistent à ne lire ces récits qu'à travers le prisme réducteur de la victime et du prédateur sexuel. Dans une émission de radio consacrée au psychanalyste autrichien, Paul Denis[1], psychanalyste lui-même et membre titulaire de la Société psychanalytique de Paris, enfonce le clou : « Ce que les contes apprennent aux enfants, ce n'est pas une incitation, c'est un modèle qu'on leur donne, une inspiration. Ce que les contes apportent à l'enfant, c'est de s'intéresser à ses propres images et à ce qui se passe en lui. Ça l'aide à trouver des solutions psychiques à ce qui peut l'angoisser. C'est en cela que les contes de fées ont une vertu tout à fait importante. »

L'œuvre artistique est, par définition, sujette à l'interprétation. En cela, elle révèle davantage de celui qui l'admire, de celui qui la lit ou la regarde,

1. « Épisode 4/4 : *Psychanalyse des contes de fées* », *Les Chemins de la philosophie*, France Culture, 29 mars 2012.

que de ses caractéristiques *stricto sensu*. On y décèle ce qui vibre en nous, à l'image des tests projectifs de Rorschach, utilisés par les psychologues pour identifier certains traits caractéristiques de la personnalité. Le test consiste à exposer dix planches avec des taches symétriques qui sont proposées à la libre interprétation de chacun. Cela signifie que l'on projette ce que l'on est sur le monde, comme un générateur qui permet de révéler ses propres obsessions, ses perversions, ses failles. La vertu des mythes, des légendes et des contes de fées a ainsi toujours été au cœur de vigoureux échanges quant à leur interprétation, et de lectures diverses à partir des grands débats des époques dans lesquels ils apparaissent. L'interprétation néoféministe, qui réduit le champ de la pensée à une lecture sexuée, victimaire ou sexuelle, en dit autant de leur obsession et leur guerre menée contre l'amour entre les hommes et les femmes que de leur sexisme supposé. Peut-on dire que les nouvelles lectures des mythes et des contes de fées ont une allure de test projectif, et que ces lectures disent quelque chose de notre rapport à l'amour, d'abord mythifié puis désagrégé, et bientôt disparu ?

6
Le best-seller érotique dans le viseur

> « Un livre moral ou immoral, cela n'existe pas. Les livres sont bien ou mal écrits. »
>
> Oscar Wilde

La femme doit-elle apprendre à lire ? Si oui, à quelles conditions ? Quel type d'ouvrage serait le plus approprié à son sexe, dénué du moindre risque de corrompre son esprit et ses mœurs ? Ces interrogations ont travaillé l'Occident durant des siècles. Au XVIIIe siècle, Nicolas Edme Restif de La Bretonne, écrivain libertin prolifique, rival de Sade, tranchait la question sans tortiller. « Il faudrait que l'écriture et même la lecture fussent interdites à toutes les femmes ; ce serait le moyen de resserrer leurs idées, et de les circonscrire dans les soins utiles du ménage ; de leur inspirer du respect pour le premier sexe, qui serait instruit de ces mêmes choses avec d'autant plus de soin, que le second serait plus négligé[1] », considère-t-il. Inquiet de les voir influencées par des fictions romanesques, incitées à rêver hors des murs de leur foyer, il élabore, par le truchement d'une discussion épistolaire entre deux « honnêtes femmes », une série de règles pour contenir les dangers de la lecture féminine. Dans son viseur, en particulier, les romans d'amour, dont la logique échappe au modèle traditionnel de domestication de la femme et au mariage arrangé. Restif fixe avec précision les conditions parmi lesquelles, en fonction de son âge et de sa catégorie sociale, celle-ci peut néanmoins être autorisée à lire ou écrire. Les femmes du peuple, par exemple, devraient rester analphabètes pour le bien de tous, quand celles de familles riches pourraient apprendre à lire, à partir de leur douzième année, mais sous aucun prétexte à écrire. Les filles de commerçants, plus minoritaires, pourront apprendre à lire et à écrire, pour une question de pur pragmatisme et d'intérêts. Toutes ne devraient avoir accès qu'aux ouvrages autorisés par une « académie des mœurs » créée tout spécialement à cet effet.

1. Restif de La Bretonne, « Les Gynographes ou Idées de deux honnêtes femmes sur un projet de règlement proposé à toute l'Europe pour mettre les femmes à leur place et opérer le bonheur des deux sexes », *Œuvres,* 1777.

Trois siècles plus tard, Restif tomberait de sa chaise : les femmes lisent abondamment et même bien plus que les hommes : sept lecteurs de roman sur dix sont des lectrices [1], selon une étude du ministère de la Culture. Pour s'en convaincre, il n'y a qu'à faire un tour dans les salons du livre, ou assister à quelques séances de dédicaces ou vadrouiller dans les contrées françaises et leurs librairies peuplées de femmes souveraines, curieuses, ouvertes sur le monde. Trois siècles plus tard, il découvrirait aussi, non sans un possible choc, que ceux qui s'inquiètent de leurs lectures ne sont plus des phallocrates patentés, mais une poignée de femmes savantes. Il découvrirait que, comme lui en son temps, au nom d'une certaine idée des femmes, de la certitude de savoir ce qui est bon pour elles, une poignée d'amazones souhaitent régenter la lecture de leurs congénères. Comme Restif, et une clique de misogynes, des néoféministes s'attaquent aux lectures des femmes accusées de corrompre leur esprit faible. Une panique morale révélée de façon flagrante avec l'apparition d'un puissant phénomène éditorial, segment de la littérature rose qui explose les compteurs de vente auprès d'un public presque exclusivement

1. Enquête de la Direction du livre et de la lecture, ministère de la Culture, 2017.

féminin : la *dark romance.* Autant l'énoncer d'emblée car le titre est ambigu : pas de magie noire au menu, ni d'incantation mystique ou de sorcières ténébreuses fomentant des conspirations. Née aux États-Unis, cette littérature romantico-érotique narre des histoires d'amour sirupeuses sur fond de scandale, de transgression des tabous, de celles qui naissent dans des sectes, mafias ou gangs, entre victime et bourreau ou deux criminels, des personnages qu'*a priori* tout oppose. C'est une niche de la littérature féminine, comme l'a été quelques décennies plus tôt la collection Harlequin, aussi populaire chez les femmes que méprisée par les féministes revendiquées.

Par souci d'honnêteté, il convient d'être plus précis : souvent, dans ces histoires, le personnage masculin maltraite, domine, maîtrise, sur fond d'un passé douloureux, la protagoniste, qui finit par lui trouver des qualités, avant qu'il ne s'adoucisse et qu'ils ne tombent dans les bras l'un de l'autre. La *dark romance* s'appuie sur une multitude de transgressions, de lois et de principes moraux, qui mêlent contraintes et plaisirs, où l'amour naît du franchissement des limites, quelles qu'elles soient. Elle met en scène une forme de violence qui s'accomplit dans un bonheur partagé. Au Québec, où le français s'affirme avec souveraineté, on traduit *dark romance* par « romance interdite », formulation qui pointe à raison la caractéristique de la transgression. Cette littérature vient du « bas » de la société, ne naît pas sous l'impulsion des éditeurs, des librairies ou des maisons d'édition, ne prospère pas sur l'appel de néoféministes qui entendent créer un désir de manière artificielle, qui serait politiquement correct, mais des adolescentes elles-mêmes, qui sacrifient des dizaines de nuits de sommeil pour écrire ou lire ces récits où se mêlent romance passionnelle et désir charnel brûlant. Ces manuscrits se font connaître par le biais de plateforme d'autoédition, où gravitent des auteurs novices et des lecteurs friands d'une littérature moderne, écrite avec un vocabulaire simple et accessible, ancrée dans une réalité qu'ils connaissent. Une littérature plébiscitée par les générations Y ou Z, dont on dit qu'elles ne lisent pas, des lycéennes et des étudiantes, de 15 à 25 ans, que l'on dit hypnotisées par leur smartphone. Une génération des plus féministes, qui sait faire la différence entre le rêve et la réalité, la fiction et le réel. Pour résumer, la *dark romance* est créée à une écrasante majorité par des jeunes femmes pour d'autres jeunes femmes, ce qui ne l'empêche pas de se trouver dans le viseur d'une poignée de vigies de l'amour.

Parmi les nombreuses fictions de ce genre, une saga s'est démarquée par un succès phénoménal auprès de millions de jeunes femmes à travers le monde : elle s'appelle *Captive*. En février 2023, le tome 2 de ce roman a détrôné les mémoires du prince Harry des meilleures ventes de livres. Écrite par Sarah Rivens, une jeune femme de 24 ans d'origine algérienne, au pseudonyme très anglo-saxon, cette saga raconte l'histoire d'Ella, une « captive » de 22 ans qui tombe entre les griffes d'Asher Scott, chef de gang et assassin qu'elle surnomme « le psychopathe » et qui lui fait subir humiliation sur humiliation… avant que naisse entre eux une puissante passion. « *Captive* est une *dark romance* qui n'entre pas dans les codes de la romance classique : romance y rime avec violence […]. *Trigger warnings* : mention de viol, violences physiques, langage violent » sont les premiers mots du livre et posent le cadre. Si l'on peut fermer les yeux sur la qualité du style, on peut saluer l'initiative d'un roman pour adolescentes capable de se placer en tête des ventes pendant trente-sept semaines, d'attirer un public peu désireux de lire Victor Hugo. Les ouvrages de *dark romance* se conseillent sur les forums d'adolescentes, se vendent dans les gares et les supermarchés, sont souvent qualifiés de « populaires » par ceux qui les méprisent, ou qui s'affirment comme partisans d'une culture plus élitiste.

De par sa popularité auprès des jeunes femmes, il aurait été légitime d'imaginer que ce phénomène serait accueilli avec bienveillance par les mouvements féministes et leurs alliés, mais c'était sans compter l'instinct primaire qui anime ceux qui n'ont d'autre chat à fouetter que de vouloir rééduquer le désir des autres. Ce succès littéraire perçu comme un fléau inquiète les âmes qui se considèrent plus éduquées, plus intelligentes, plus formées intellectuellement que leurs contemporaines. Ces dernières frappent de réprobation morale ces ouvrages : les parangons de la vertu qui se cachent dans les bataillons féministes sont même en première ligne pour les condamner, les accusant de glamouriser des « violences faites aux femmes » et de normaliser le syndrome de Stockholm. « Cette niche de la romance féminine, jamais avare de cruautés en tout genre – consenties ou non selon les ouvrages –, frappe l'héroïne d'un syndrome de Stockholm carabiné[1] », s'alarme une journaliste. La journaliste s'inquiète de voir ces livres prospérer à l'ère post #MeToo – comme si l'année 2017 avait changé la face du monde, que la prise de conscience de la goujaterie de certains hommes avait pulvérisé toutes les pulsions sombres chez les

1. Julie Rambal, « La *dark romance*, cette littérature féminine qui érotise la maltraitance », *Le Temps*, 11 février 2019.

hommes et les femmes, rendu impossible toute littérature tordue. Et si, au contraire, les dérives pudibondes de MeToo avaient engendré ce désir de perversion chez ces adolescentes, dans un mouvement intime de révolte et de liberté ? Et si la *dark romance* était un rejeton de MeToo, un appel d'air pour des jeunes femmes épuisées par ces injonctions nouvelles à écraser les hommes, en quête d'évasion, à s'abandonner dans l'imaginaire pour tester ses limites ? Et si ce genre de narration n'était pas la preuve des restes d'un conservatisme béat mais, au contraire, un acte de contestation vis-à-vis de la doxa en place ? Et si cette littérature transgressive où la femme est dominée n'était pas la preuve d'un conditionnement à la soumission, l'intériorisation d'un rapport inégal entre les sexes, mais un acte d'émancipation ultime ? « Céder au plaisir de la lecture n'est pas forcément consentir aux stéréotypes qu'elle propose et qu'il s'agisse du roman Harlequin ou de toute œuvre de fiction, le recours à la fantasmatisation pourrait même être considéré comme une échappatoire à l'ordre sexuel dominant par exemple [1] », écrit la psychologue Annik Houel. Et si le nouvel ordre sexuel imposée après MeToo avait engendré ses propres monstres ?

1. Annik Houel, *Le roman d'amour et sa lectrice. Une si longue passion. L'exemple Harlequin*, L'Harmattan, 1997.

Cette problématique n'est pas nouvelle : dix ans plus tôt, une autre trilogie littéraire au succès retentissant avait provoqué les mêmes réprobations morales. Comme *Captive*, *Cinquante nuances de Grey* est un succès planétaire : avec plus de 125 millions d'exemplaires vendus dans le monde, c'est une révolution. Un ovni dans l'histoire du livre en général, et du livre érotique en particulier, qui, jusqu'ici, se planquait honteusement dans les arrière-boutiques des librairies, capable de provoquer des raz-de-marée dans les marchés de sex-toys, au plus grand plaisir de leurs fabricants et de leurs vendeurs.

Une révolution née de rien, ou presque, d'une série publiée sur la Toile signée E. L. James, une mère de famille dans la vie, productrice de télévision britannique. Comme *Captive*, la saga ne doit pas tant son succès à ses qualités littéraires – James n'est pas Shakespeare – qu'à l'originalité de l'angle de vue : la passion amoureuse contée s'épanouit dans un rapport sadomasochiste aseptisé. Anastasia Steele, étudiante en littérature, pudibonde, succombe aux charmes de Christian Grey, séduisant milliardaire sûr de lui qui ne porte que des chemises impeccables. Ils se rencontrent et se plaisent, vivent une romance passionnelle, une « *love story* » selon les mots de sa créatrice. Christian s'émeut de l'innocence de sa blanche colombe et dort près d'elle,

elle lui fait des pancakes au petit déjeuner et passe le chercher à la fin de ses journées de travail. C'est une passion romantique des plus communes où deux amants se dévorent, s'attirent, et où l'amour est caricatural, comme il l'est souvent. Dans les derniers volets, Anastasia Steele et Christian Grey se marient sous les applaudissements de leur famille dans une scène digne des comédies romantiques diffusées le dimanche après-midi sur TF1. À la différence des jeux érotiques auxquels ils s'adonnent : dans l'intimité, en préliminaire des choses sérieuses, il lui ligote les poignets, la menotte et lui donne des coups de ceinture sur les fesses même si – précisons-le – il n'y a pas de quoi casser trois pattes à un canard. Anastasia Steele signe en son âme et conscience un document pour contractualiser son consentement après avoir négocié ses conditions. Christian l'initie à ses plaisirs singuliers dans lesquels elle finit par s'affirmer, non sans manifester une certaine jouissance qu'elle exprime librement. L'histoire raconte, *in fine*, l'excitation qui peut naître d'une tension violente, mais aussi le jeu théâtral inhérent à ce type de mode érotique, qui a plus à voir avec un simulacre qu'une entreprise de sadisme. Le film illustre ce dont Catherine Millet témoigne dans son livre *La Vie sexuelle de Catherine M.*, cette distinction claire entre soumission dans la sphère sexuelle et infériorité dans la vie, et le renversement des pouvoirs inhérent à ces jeux où le soumis domine implicitement le maître : c'est elle qui garde le contrôle, fixe les limites et, le plus souvent, les enfreint.

Comme *Captive*, *Cinquante nuances de Grey* met en scène cette expérience des limites, bien que plébiscité par un public plus âgé, qualifié de « *Mummy porn* », car les millions de lecteurs étaient à une écrasante majorité des lectrices, mères de famille autour de la quarantaine, cherchant à s'arracher, le temps d'une histoire, à leur quotidien pesant. Comme pour la *dark romance*, on aurait pu penser que celui qui se présente comme le Parti des femmes poserait un œil bienveillant sur ce phénomène de la culture populaire qui démocratise la sexualité en amour, plébiscité par les femmes elles-mêmes. Que nenni ! La sortie de chacune des adaptations au cinéma est un nouveau scandale, une nouvelle guerre non entre les sexes, mais entre les femmes elles-mêmes. Une guerre des femmes entre celles qui prennent du plaisir à s'émoustiller deux heures sur écran géant et celles qui veulent domestiquer et culpabiliser les premières, les jugeant soumises et dominées, incapables de reconnaître la voix de la Vérité. Du haut de leur infini mépris, ces dernières interprètent ce succès féminin comme un indice de l'intériorisation de stéréotypes déviants, de fantasmes à rééduquer.

Une lecture victimaire s'efforce d'interpréter cette comédie érotico-romantique comme la soumission forcée d'une femme sous emprise, qui ne serait pas à même de savoir ce qui est bon pour elle. Des radicaux accusent ce qui est d'abord un navet cinématographique d'être un monstre idéologique coupable de glamouriser les relations non consenties, la culture du viol et la misogynie. *Cinquante nuances de Grey* répandrait la violence sexuelle, ferait l'éloge de la maltraitance féminine, la promotion du syndrome de Stockholm. Une étude[1] publiée par des psychologues de l'université du Michigan affirme qu'Anastasia Steele aurait le profil typique des victimes d'abus psychologiques et sexuels. En se basant sur la définition américaine de la violence conjugale telle qu'elle est définie par les Centers for Disease Control and Prevention (CDC), les chercheuses concluent que la protagoniste présente tous les symptômes d'une victime qu'il faudrait préserver. « Conformément aux notions de sexisme bienveillant, l'épanouissement complet d'Anastasia n'est pas atteint sans une relation amoureuse hétérosexuelle et monogame »,

1. Lauren E. Altenburger, Christin L. Carotta, Amy E. Bonomi, Anastasia Snyder, « Sexist Attitudes Among Emerging Adult Women Readers of Fifty Shades Fiction », *Archives of Sexual Behavior*, volume 46, p. 455-464 (2017).

déplorent les universitaires. « Christian, écrivent-elles, affirme « une masculinité hégémonique et une libido insatiable » et la féminité d'Anastasia est soumise, montrant une faible estime de soi et un désir de connexion émotionnelle. Les chercheuses jugent « préoccupant » qu'une « partie importante » des femmes de leur échantillon ait trouvé l'histoire romantique. Tout cela sous couvert de l'objectivité académique, car que vaut la subjectivité individuelle face à la subjectivité d'une poignée de chercheurs militants ? Que vaut le désir individuel face à la religion de la déconstruction, n'est-ce pas ? Comment ne pas comprendre la « préoccupation » des chercheuses qui se sentent investies du devoir de refaire l'éducation de ces pauvrettes excitées par une histoire d'amour où le masculin a faussement l'ascendant !

Non, les millions de femmes qui aiment ces fictions érotico-romantiques ne sont pas des perverses masochistes qui ont « un fantasme de viol », elles ne sont pas soumises ou conditionnées par le patriarcat, mais comprennent, consciemment ou non, ce jeu de subversion du pouvoir dans l'imaginaire qui permet de tester leurs limites et celles de leur partenaire. C'est ce qu'explique l'éthologue Robert King, qui considère, à juste titre, que dans ce cas de figure comme dans d'autres, toute analyse simpliste et unidimensionnelle des relations de pouvoir peinera à trouver un sens pertinent. « À chaque génération ou presque – soit, grosso modo, tous les vingt-cinq ans –, une femme (c'est toujours une femme) écrit un livre érotique, et d'un érotisme très spécifique, constate-t-il. Un livre souvent publié sous pseudonyme, de manière clandestine, ou les deux à la fois. Qui va connaître un énorme succès sous le manteau jusqu'à être adapté en film. Dont la sortie s'accompagne de critiques acerbes passant totalement à côté de son sujet, notamment parce qu'elles le conspuent comme un fantasme de domination masculine[1]. » L'éthologue propose une tout autre interprétation, littéralement opposée à celles évoquées précédemment. Selon lui, ce sont les femmes à la manette, qui testent d'une certaine façon leurs partenaires sexuels masculins, femmes qui sont par nature plus exigeantes que les hommes en raison de l'asymétrie de l'investissement reproductif. « Il n'y a rien d'intrinsèquement pathologique dans ces activités tant qu'il s'agit d'adultes consentants, saisissant la différence entre fantasme et réalité[2] », considère-t-il.

1. Robert King, « Pourquoi les femmes fantasment d'être soumises », Quillette, traduit dans *Le Point* par Peggy Sastre.

2. *Ibid.*

Ainsi nous voilà au fond du problème : un continuum est artificiellement créé entre plaisir du jeu érotique consenti et barbarie pure, jeu de rôle érotique et tabassage conjugal, romance à l'eau de rose rythmée par quelques fessées et emprise dangereuse et toxique. Adieu la nuance, vive le premier degré, au diable la hiérarchisation des valeurs, bonjour la paranoïa qui tend à tout rendre pareil, sérieux, empreint d'une infinie gravité. Voilà précisément l'abus que dénonçait la tribune devenue légendaire sur « la liberté d'importuner[1] » publiée dans le sillage de l'affaire MeToo. « Le viol est un crime. Mais la drague insistante ou maladroite n'est pas un délit, ni la galanterie une agression machiste », targuaient une centaine de signataires dont Catherine Deneuve, Élisabeth Lévy et Catherine Millet. Nous pourrions ajouter que quelques fessées dans un jeu érotique n'ont pas à être rangées dans la catégorie des violences sexuelles – sinon à minimiser les violences sexuelles, ce qui est autrement plus problématique. Il n'y a rien de commun entre un couple qui aime jouer de l'excitation pour décupler son plaisir et le ou la barbare qui jouit des sévices

1. Collectif, « Nous défendons une liberté d'importuner, indispensable à la liberté sexuelle », *Le Monde*, 9 janvier 2018, jour de l'anniversaire de Simone de Beauvoir.

imposés à l'autre. Un viol, un passage à tabac ou une incitation au suicide n'ont rien de consenti. Il n'y a rien de commun entre *Cinquante nuances de Grey* et *Le Dernier Tango à Paris* dans lequel la protagoniste, Jeanne, se fait sodomiser par surprise par Paul dont elle ne veut plus dans sa vie. Rien de commun entre jouer au chat et à la souris dans un couple et un « porc » qui vient frotter son sexe contre une nymphette dans le métro. Dans le premier cas, deux adultes consentants s'adonnent à un simulacre, une caricature, qui dit quelque chose de l'expérience amoureuse et de ses excès. Dans le second, un barbare exerce son pouvoir dans la négation de l'autre. La différence fondamentale tient en deux mots : « consentement mutuel ».

Captive comme *Cinquante nuances de Grey* sont des comptines pour enfants comparés à *Histoire d'O*[1] qui, écrit au cœur des années 1950, va beaucoup plus loin dans le récit de la jouissance dans l'abdication. Ce récit raconte indéniablement un cas pathologique, qui pousse plus loin encore la même logique. « O » n'a même pas de prénom, une lettre à peine. « O » est une femme libre et indépendante, aisée, distinguée, qui accompagne son amant René dans un château à Roissy où elle devient une

1. Pauline Réage, *Histoire d'O*, Pauvert, 1954.

esclave sexuelle de son plein gré. Elle accepte de se soumettre à ceux qu'il choisit, de leur obéir au doigt et à l'œil et subit brimades, supplices et humiliations. « Sous les regards, sous les mains, sous les sexes qui l'outrageaient, sous les fouets qui la déchiraient, elle se perdait dans une délirante absence d'elle-même qui la rendait à l'amour et l'approchait peut-être de la mort », décrit la narration. D'un point de vue global, *Histoire d'O* dit la puissance cathartique d'une œuvre. Cette violence symbolique dans l'imaginaire n'a pas vocation à se concrétiser dans la vie : tous les fans de *Superman* ne se jettent pas par la fenêtre, tous les admirateurs de Van Gogh ne se coupent pas l'oreille et les millions de mamans qui plébiscitent *Cinquante nuances de Grey* ne s'amourachent pas de milliardaires. De même, ceux qui lisent *Histoire d'O* ne sont pas des adeptes des tournantes. Ce roman extrême est une métaphore qui raconte l'une des dimensions tragiques de l'amour total, où l'attachement à l'être aimé est tel qu'il se transforme en abandon de soi. L'amour submerge : voilà la morale de cette histoire si particulière. « Les chaînes sont, pour moi, explique l'auteur à *L'Express* en juillet 2008, une façon d'illustrer, de figurer que, lorsqu'on aime quelqu'un, on n'est plus maître de soi. On naît, on vit, dans un réel esclavage intérieur. Un esclavage du cœur, parfois des sens et de l'esprit. L'amour est une bénédiction, mais aussi une malédiction. »

Qui peut nier que l'amour puisse être un miracle mais aussi une malédiction, un abyme, une tempête dans un ciel calme ? Celui qui dit que l'amour est toujours une bénédiction, un paradis, une hardiesse est un charlatan, un « gros mytho » dans le langage millenial. L'amour peut même être un chien de l'Enfer, selon Charles Bukowski. Un risque du pire, de la débâcle, de l'apocalypse, raison pour laquelle les « pantouflards » tentent d'en finir avec lui en appelant à se focaliser sur son propre nombril, ou en affirmant qu'on peut le réduire à un instinct sexuel et à la perpétuation de l'espèce. *Histoire d'O* dit, bien plus qu'une histoire de la soumission d'une femme à un homme, quelque chose de l'expérience amoureuse. Dans une forme de radicalité assumée, le récit décrit la condition existentielle de l'amour total, mais ce n'est pas ce qu'entend une partie du public qui l'attaque violemment à sa sortie. Les intellectuels de l'époque se divisent entre ceux qui jugent l'histoire géniale, nécessaire, libératrice et ceux qui la considèrent comme « intolérable », à vomir. Pour ses détracteurs, tel François Mauriac, *Histoire d'O* est le roman de la soumission féminine, celui d'une damnée qui s'enchaîne librement, qui se livre au nom de l'amour au pouvoir masculin. *Histoire d'O* serait l'incarnation d'un fantasme misogyne, d'une vision traditionaliste de la femme qui l'emprisonne dans sa faiblesse, qui la ramène à cette condition inférieure et injuste dont elle essaie de se défaire. En 1955, le livre reçoit le prix des Deux-Magots, alors que persiste encore la question du sexe de l'auteur qui avait préservé son identité : qui pouvait avoir écrit une chose pareille ? Un homme, forcément. Pendant quatre décennies ne demeure qu'un pseudonyme énigmatique et sans visage : Pauline Réage, annonce la couverture. « Ça ne peut pas avoir été écrit par une femme ! » proclame alors selon la légende, sûr de lui, Albert Camus. Des noms circulent, celui de Georges Bataille notamment. Il s'agit en fait d'Anne Cécile Desclos, seule femme membre du comité de lecture de Gallimard pendant vingt-cinq ans, qui avait conscience d'écrire « un scandale épouvantable » et qui voulait se protéger des attaques en ne livrant son nom à personne. Deux décennies après la parution du livre, au moment de la sortie de son adaptation cinématographique en septembre 1975, le MLF prend d'assaut les locaux de *L'Express*, rue de Berri, à Paris, qui a diffusé des extraits de l'ouvrage pour l'occasion. Ses ouailles manifestent au cri de « Pas d'argent sur notre corps ! » et « La police protège le viol ! ». Si « O » avait existé, elle n'aurait pas pu choisir comme prison le château de son amant, puisque les néoféministes l'auraient enfermée chez elle.

Le roman finit par rencontrer son public, se vendre à plus d'un demi-million d'exemplaires dans le monde, et à être traduit dans une vingtaine de langues. Il décrit cette vérité universelle en amour qui dit qu'il est toujours, à différentes échelles, une affaire de dépendance. L'amour est révolutionnaire par essence et peut permettre une transgression ultime, une expérience des limites, selon les mots de Georges Bataille, une mystique délivrée du religieux, un scandale singulier et individuel. Il y a dans ces expressions d'amour une recherche d'harmonie mais aussi une expérience des limites dans ce qui paraît être en voie de disparition : la vie intérieure. Les nouveaux puritains défendent une généralisation de l'amour raisonnable contre l'amour excessif, préfèrent les réflexes pantouflards aux sauts dans le vide que nous racontent ces fictions sur un mode fantasmatique.

S'il faut bannir des étagères et des écrans *Cinquante nuances de Grey*, ajoutez-y la littérature libertine et une partie du répertoire populaire pour les passer à la trappe. À la poubelle *Fais-moi mal, Johnny*, cette chanson signée Boris Vian, interprétée par Magali Noël, devenue, pour des raisons obscures, un classique des karaokés (au même titre que *Sous les sunlights des Tropiques* de Gilbert Montagné). Une femme qui « aime l'amour qui fait boum » réclame à un homme une relation charnelle intense. Elle l'humilie, le provoque, jusqu'à ce qu'il lui réponde au-delà de ses espérances, ce à quoi elle répond « Oh ! Johnny », « Oh ! La vache... ». Interdite de diffusion sur les ondes de la radio nationale par les bigots d'hier, elle serait aujourd'hui vilipendée par les prétendues féministes qui la prendraient au pied de la lettre. Interdite jadis car jugée contraire à la morale de l'époque, provocatrice et scandaleuse, proclamant ouvertement l'appétit sexuel féminin dont on découvrait subitement l'existence, on lui reconnaissait au moins des prétentions féministes : si cette chanson a choqué lors de sa sortie, si elle a été condamnée par l'Église catholique, c'est parce qu'elle était crue et outrancière pour les chastes oreilles de l'époque, qu'elle décrivait le désir d'une femme libre qui choisissait sa proie pour assouvir ses fantasmes. Or il y a fort à parier que si Vian l'écrivait aujourd'hui, non seulement personne ne lui reconnaîtrait son caractère émancipateur, mais il serait lui-même qualifié de saligaud, de tortionnaire, et croulerait sous les procès intentés par des associations de femmes battues. Son œuvre cesserait d'être distribuée et sa mise à mort sociale serait proclamée par le tribunal révolutionnaire des réseaux sociaux. Il subirait le même sort que le philosophe Alain Finkielkraut qui, excédé lors d'un débat sur la liberté d'expression [1], a eu l'audace de répondre par l'ironie aux attaques de la militante Caroline De Hass. « Violez, violez, violez ! Je dis aux hommes : violez les femmes. D'ailleurs, je viole la mienne tous les soirs ! » lançait l'académicien français, dans un élan de fureur et de pure provocation. Le lendemain, le collectif NousToutes partageait la séquence sur les réseaux sociaux hors de tout contexte, dénonçait une banalisation de la culture du viol et appelait à la signaler en masse la séquence à l'ARCOM (ex-Conseil supérieur de l'audiovisuel). Dans la foulée, une pétition exigeant l'arrêt immédiat de son émission *Répliques* était envoyée à la direction de Radio France, dans un mélange d'habile mauvaise foi et de bêtise crasse. Consterné par cette avalanche de réactions hostiles, le philosophe n'en revenait pas de voir combien « les bataillons du premier degré envahissent notre monde [2] ».

1. Débat datant du 13 novembre 2019 sur LCI.

2. Eugénie Bastié, « Alain Finkielkraut défend l'ironie contre les "bataillons du premier degré" », *Le Figaro*, 20 novembre 2019.

L'interprétation littéraliste ne condamne pas seulement à mort les *dark romance*, *Cinquante nuances de Grey*, *Histoire d'O* : elle criminalise plusieurs façons de concevoir l'amour au nom d'une seule. Elle impose une vision réductionniste, simplificatrice, négationniste qui veut faire du sentiment amoureux une idée simple, quand il est ambivalent, contradictoire et complexe. L'amour est mystérieux, instinctif et pulsionnel, il n'est pas le produit d'une logique cohérente et stable, rationnelle et établie, sinon les scientifiques l'auraient résumé en un théorème mathématique depuis belle lurette. Certains l'ont bien tenté, en mettant toutes leurs forces dans la bataille, à commencer par les sites de rencontres qui cartographient avec précision les critères de sélection des partenaires pour finalement aboutir, la plupart du temps, à du vide. Il n'y a aucune loi ou politique de l'amour qui vaille, raison pour laquelle on a tenté de le corseter dans l'institution du mariage. Avec lui, il est possible de se perdre, de s'effacer, de confondre le désir de l'être aimé avec le sien, d'assumer ses travers les plus vils, les plus honteux, les plus intimes. Il y a dans ce sentiment un accès privilégié à l'âme humaine et à ses tourments, à ce mal irréductible qui ne peut être compris d'un point de vue strictement politique et qui ne peut être jugé à l'aune de la guerre des sexes sans être dénaturé. Toute l'histoire de la littérature amoureuse dépeint la revanche de l'amour non autorisé sur celui qu'on aurait voulu imposer, de celui qu'on aurait voulu voir disparaître et qui s'accomplit envers et contre tout jusqu'à la reddition – tant féminine que masculine. Malgré toute la bonne volonté des « exciseuses », il continuera de subsister une ambiguïté dans la relation amoureuse, les jeux de séduction et le jeu érotique, qui demeureront rétifs au conformisme moral. Le désir et l'amour disent quelque chose des tréfonds de l'âme humaine, parfois obscurs, cette psyché dont l'exploration a valu à Freud la prétention modeste de se comparer à Christophe Colomb.

7
Barbie et Ken : du couple phare à la guerre des sexes

Barbie et Ken se rencontrent en 1961, sur le tournage d'un spot publicitaire, en des temps où la télévision est en noir et blanc. Tous deux ont un visage angélique, des cheveux platine, un corps olympien et portent les surnoms des enfants de Ruth Handler, leur créatrice. Ils viennent tous les deux de Willows [1], dans le Wisconsin aux États-Unis, et la légende raconte que le coup de foudre entre eux est immédiat. Preuve qu'ils ont été créés l'un pour l'autre, ils ont aussi les mêmes goûts et coordonnent leurs vêtements, du look disco à paillettes aux maillots de bain échancrés, des tenues de sport à celles de danse. Dans cet embryon familial, la femme précède l'homme de deux ans dans l'existence, contrairement

1. Ville fictive, inventée pour le narratif par l'entreprise de jouets Mattel.

au premier couple de l'Histoire de l'humanité conté dans la Genèse, qui voit Ève sortir du flan d'Adam. « Tout comme les religions qui célébraient des déesses ont précédé le monothéisme judéo-chrétien, explique la critique culturelle M. G. Lord, Barbie a précédé Ken. Toute cette idée d'une femme tentatrice, ou d'une femme subordonnée à l'homme, est absente de la cosmologie de Barbie[1]. » La star des poupées a su mettre à profit ses années solitaires pour se forger une solide réputation, une indépendance à toute épreuve et une garde-robe bien fournie. Mais désormais, avec l'arrivée d'un chevalier servant, la poupée peroxydée peut mener ses aventures tout en donnant corps à des contes de fées, des crises conjugales et des déclarations enflammées. Ken a été créé pour que les petites filles puissent aussi créer des scénarios romantiques, fomenter des romances dans la vie de leur Barbie. Il est, par définition, son extension.

Un demi-siècle après leur rencontre, Barbie et Ken n'ont pas pris une ride mais les mœurs ont changé, les couples ne sont plus éternels et les poupées n'échappent pas à la règle. En 2004, après quarante-trois ans de chastes fiançailles, le couple

1. M. G. Lord, *Forever Barbie : The Unauthorized Biography of a Real Doll*, Walker Books.

rompt brutalement. « Ils ont décidé de prendre le temps de la réflexion et de se séparer pendant quelque temps », annonce un communiqué officiel publié sur le site de Mattel, le fabricant américain de jouets qui les a créés. Pour expliquer la rupture, les hypothèses sont multiples : Ken aurait eu du mal à accepter les ambitions de sa belle (tantôt architecte, vétérinaire, médecin, scientifique ou encore astronaute selon ses humeurs), Barbie en aurait eu assez d'attendre qu'il la demande en mariage. Une autre rumeur, difficile à vérifier, affirme que Ken serait tombé dans la dépression, la drogue et l'alcool, que le chagrin aurait eu raison de lui. Ce qui est certain, c'est que Barbie, elle, n'a pas tardé à retrouver l'amour. Sa nouvelle idylle avec Blaine, frère de son ami Summer, surfeur australien au corps de dieu grec, ne tarde pas à être révélée au grand jour. Selon Mattel, Barbie aurait trouvé « irrésistible, intelligent, plein d'humour » ce bel apollon, avant de succomber à ses charmes. Puis, en 2011 survient un nouveau rebondissement digne d'un épisode des *Feux de l'amour* : Ken et Barbie auraient compris qu'ils se manquaient. Quelques jours avant la Saint-Valentin, des panneaux d'affichage apparaissent dans New York et à Los Angeles où Ken déclame sa flamme à son ex et s'emploie à la reconquérir. « Barbie, nous sommes peut-être en plastique, mais notre amour est réel », peut-on y lire. Quelques fins observateurs notent par ailleurs qu'ils se laissaient des mots doux sur leurs comptes Facebook officiels. Le 14 février, sur le même réseau social, leur statut notifie qu'ils sont désormais « en couple », officialisant publiquement la nouvelle. « Après sept longues années de séparation, Ken et moi avons décidé de raviver notre romance. Une poupée sait quand c'est l'amour et j'ai finalement réalisé que mon cœur ne bat que pour Ken », confie le mannequin de onze pouces. Mattel confirme alors leur réconciliation lors de l'ouverture du salon international du jouet de Nuremberg, dans le sud de l'Allemagne – l'un des plus importants salons du monde consacrés aux jeux pour enfants.

Bien sûr, chaque rebondissement mélodramatique est une opération de communication rondement menée par l'entreprise productrice des jouets, un happening commercial visant à attirer l'attention du public et des tabloïds, à les inciter à spéculer davantage sur les tenants et les aboutissants de la romance du couple mondialement connu. Mattel veut maintenir son chiffre d'affaires et tente d'écraser la concurrence féroce qui menace son produit phare. Alors que Barbie régnait sans partage dans l'univers des poupées, apparaissent au début des années 2000 les Bratz, commercialisées par MGA

Entertainment, une petite société basée en Californie qui compte une poignée d'employés. Talons hauts, jupes courtes, corsets, maquillage criard, bouches de canard, les Bratz sont plus délurées, plus rebelles, s'affirment comme plus modernes que leurs aïeules qu'elles font passer pour des nonnes. Petit à petit, les rivales de Barbie grignotent des parts de marché et de la place dans le cœur des petites filles. « Il est temps que Barbie prenne sa retraite, même Michael Jordan l'a fait[1] », considère alors le P-DG de MGA Entertainment dans le *New York Times*. Mais si Bratz connaît un succès fulgurant à sa naissance, elle ne parvient pas à détrôner sa concurrente dans le temps. Plus qu'un simple jouet pour enfant, Barbie s'inscrit dans l'histoire culturelle américaine et occidentale. La poupée est commercialisée dans plus de cent cinquante pays, trois modèles sont achetés chaque seconde quelque part dans le monde, on estime à plus d'un milliard le nombre total depuis son lancement en 1959. Elle triomphe dans les chambres des enfants, sous les lits mal rangés, dans les greniers, qu'elle soit unijambiste ou borgne. Des petites filles imaginent des histoires saugrenues et intenses, multiples et improbables. Barbie fait de

1. « A Makeover of a Romance », *New York Times*, 9 février 2006.

nos enfants des scénaristes. Et au gré des envies et des humeurs du jour, Ken trouve sa place, ou pas, à ses côtés. Le média en ligne 20 Minutes[1] a demandé à ses lectrices de raconter leurs souvenirs avec leurs jouets en plastique ; l'une d'entre elles se souvient. « J'avais 24 Barbie et 2 Ken, détaille Maud. Du coup, j'ai été obligée de créer des histoires où les hommes en étaient à leur premier mariage puis le second avec des histoires de maîtresses et belles-mères en colère, et le tout, bien sûr, en contexte de guerre, pour expliquer l'absence d'autres hommes ! »

Les histoires de Barbie sont façonnées par des petites filles à l'imagination débordante, qui projettent leurs fantasmes, leurs rêves, leurs inquiétudes sur des morceaux de plastique auxquels elles donnent vie. Ainsi dans l'univers de la poupée, les femmes sont au cœur de toutes les intrigues, elles dominent leur monde en tous points. C'est sur cette particularité narrative qu'a été bâti le scénario du film événement sorti en 2023, devenu un succès planétaire, en dépassant le milliard de dollars de recettes au box-office. Jusque-là, des dizaines de films d'animation avaient tenté de donner vie à la poupée la plus célèbre de tous les temps, sans

1. Axel Mendy, « "Le monde de Barbie (et Ken) est toujours magique" pour nos lecteurs », 20 Minutes, 13 juillet 2023.

rencontrer le succès. Puis cette création coécrite et réalisée par Greta Gerwig (connue pour *Lady Bird*, et *Les Filles du docteur March*) a réalisé, en plein été, le meilleur démarrage de l'année aux États-Unis et le meilleur démarrage de tous les temps pour un film réalisé par une femme. Au cœur du scénario, deux mondes parallèles : celui de Barbie et celui des humains. Le premier met en scène une société dominée par les femmes, une sorte de Jardin d'Éden où la gravité n'existe pas, où les décors sont en carton-pâte, rose bonbon, où les différentes Barbies occupent tous les postes à responsabilités (juges, avocates, politiques, etc.), quand les hommes passent leur temps à la plage et errent sans but. À Barbieland, tout est facile et merveilleux, les femmes sont sublimes, brillantes, et les hommes, des idiots patentés. À l'inverse, dans le monde des humains domine la grisaille et ce sont les hommes en costume cravate qui gèrent les affaires publiques, en plus d'être tous dépeints comme machos et grossiers. À la suite d'un dysfonctionnement dans le monde des humains dont elle subit les conséquences, Barbie doit traverser la frontière et aller « de l'autre côté » pour régler le problème, où elle devra affronter les regards masculins pervers. Une façon à peine voilée de pointer du doigt le poids que constitue la vie d'une femme dans le vrai monde, conformément à cette lecture victimaire qui voudrait qu'elle soit toujours en souffrance. Ken, qui n'est pas parvenu à se décoller d'elle, se cache sur la banquette arrière de sa décapotable et l'accompagne dans son périple, avant de découvrir la société humaine où règne le « patriarcat » (le mot est cité au moins une dizaine de fois dans le film). À son retour, il décide d'en ramener les codes pour faire régner la suprématie masculine à Barbieland, renommé « Ken Land », pouvoir dont vont devoir se défaire les Barbies en utilisant la ruse…

Décrit comme « le film féministe de l'année », le Barbie sauce Greta Gerwig n'a rien de féministe. D'abord, il met en scène une femme stéréotypée. Barbie caricature depuis toujours le féminin et la figure de Margot Robbie, douce et gentille, souriante, cliché grandeur nature aux mensurations parfaites, affublée de jupes courtes et de talons hauts, lui rend d'une certaine façon hommage. Le blockbuster n'est pas féministe parce qu'il ne met aucunement en scène l'égalité entre les hommes et les femmes et n'aspire pas le moins du monde à promouvoir un partenariat égalitaire entre les sexes. C'est bien précisé : aucun homme ne figure à la Cour suprême de Barbieland, aucun homme ne dispose du moindre pouvoir, il n'apparaît que pour montrer l'étendue de son insignifiance, pour se chamailler ou se dorer la pilule à la plage. Ce film montre qu'aucune cohabitation, aucun compromis n'est possible avec l'altérité, que le « vivre ensemble » est inenvisageable même dans un monde parallèle : le pouvoir ne peut être partagé. La guerre des sexes est inévitable, nous apprend le film *Barbie*. Façonné par l'idéologie néoféministe de bout en bout, Barbieland promeut une utopie matriarcale, dans laquelle les femmes règnent sans partage et où les hommes sont tous serviles. Barbieland, fantasme d'une société où les hommes sont dévirilisés, soumis, caricaturés, justifie aisément la crise existentielle de Ken. Sa chanson phare « I'm Just Ken », qu'il entonne après un énième rejet de la belle, est particulièrement révélatrice de son mal-être, de sa difficulté à trouver sa place dans un monde qui l'exclut. Sans travail, sans maison, sans ambition ni but, si ce n'est de conquérir Barbie, il souffre de ne pas trouver sa raison d'être. Sur un air de piano et de guitare électrique, Ken confie sa frustration d'être relégué au second plan, d'être « toujours le numéro 2 », malgré toutes ses tentatives d'exister, de se montrer sous son meilleur jour. « Est-ce mon destin de vivre et de mourir pour une vie de fragilité blonde ? » questionne-t-il, des trémolos dans la voix. Dans cette chanson qui, comme d'autres de la bande originale, a pris d'assaut les classements de téléchargement de musique au moment de la sortie du film, Ken voudrait qu'on découvre son caractère derrière son image lisse. Il regrette de demeurer si incompris. Si Ken avait un sexe, il serait sans nul doute impuissant. Si Ryan Gosling, transformé en blondinet musclé aux chemises pastel, ne se mettait pas à chanter et à danser de temps en temps, comme si rien n'avait d'importance, son personnage inspirerait une profonde pitié. Il témoigne d'un réel malaise qui fait écho à la crise de masculinité consécutive de la progression de la misandrie. On y verrait une incarnation de cette figure masculine contemporaine, dont on dit qu'elle garde tous les privilèges, alors qu'elle est sans cesse criminalisée. Ken, depuis sa naissance, est programmé pour servir Barbie, pour demeurer plus spectateur que protagoniste des récits, mais le long-métrage ne lui laisse aucune marge de manœuvre pour s'émanciper, pour se révéler, pour trouver sa place auprès d'elle. Ken est malheureux comme une pierre à Barbieland, et un monde qui fait souffrir l'un des deux sexes ne peut être féministe.

Le protagoniste masculin principal est soumis, rabaissé, et sans cesse tourné en ridicule. Et tous les autres personnages masculins du film sont logés à la même enseigne. « Les hommes sont dorénavant tous réduits à être des Ken abrutis et sous influence, identification par la négative, qui ne rend service à aucune lutte, à nulle égalité, mais ajoute du cliché au cliché, de la bêtise à la haine[1] », note l'éditorialiste Abnousse Shalmani, dans L'*Express*. Même point de vue pour la chroniqueuse britannique Sarah Vine, dans une critique publiée dans le *Daily Mail*. « C'est un film profondément anti-homme, une extension de tout ce féminisme TikTok qui dépeint toute forme de masculinité – autre que la plus anodine – comme toxique et prédatrice, et présente la libération des femmes non pas comme un mouvement basé sur la réalisation de l'égalité entre les sexes, mais comme un mode de vengeance culturelle conçu pour éliminer complètement les hommes de l'histoire. » Elle remarque aussi que « chaque personnage masculin est soit un idiot, un bigot ou un raté, plutôt pathétique. Si les rôles étaient inversés et qu'un réalisateur masculin faisait un film sur la façon dont toutes les femmes étaient des sorcières hystériques, névrosées, chercheuses d'or, il serait dénoncé – à juste titre – comme profondément offensant et sexiste[2] ».

Dans le film *Barbie*, où les femmes se liguent entre elles contre les hommes pour une guerre de

1. Abnousse Shalmani, « Barbie : Ken, réveille-toi, ils sont devenus fous ! », *L'Express*, 10 août 2023.

2. « Barbie review with Sarah Vine », *Daily Mail*, 19 juillet 2023.

pouvoir caricaturale, où prospère une guerre des sexes, la romance entre Barbie et Ken ne peut éclore. Aucune romance ne peut éclore. Ainsi, pas la moindre histoire d'amour ne vient se nicher dans les interstices du récit du long-métrage culte de la poupée la plus vendue au monde. Ni entre la Barbie blonde et Ken, ni entre Barbie blonde et Blaine, ni entre d'autres Barbie et d'autres Ken. Tout au long du film, la Barbie blonde n'en a cure de Ken. Comme ses comparses de Barbieland, elle préfère de loin passer ses soirées à des pyjamas parties avec ses copines que d'accepter l'invitation d'aller flâner avec son pendant masculin. Barbie n'a pas besoin de Ken, elle se suffit à elle-même. À Barbieland, les femmes préfèrent se centrer sur elles-mêmes, se manucurer, bâtir des carrières, que de cultiver le moindre sentiment amoureux (comme si l'un empêchait l'autre). Barbie a beaucoup mieux à faire que d'entrevoir un projet romantique, contrairement à Ken, qui tente maladroitement de la conquérir. « Barbie passe une bonne journée tous les jours… et Ken n'a une bonne journée que si Barbie le regarde », explique le narrateur qui ne pourrait être plus honnête. Malgré toutes ses tentatives pour se faire aimer par sa dulcinée, Ken ne parvient à susciter chez elle que de la compassion, voire de la pitié. Lorsqu'il tente maladroitement de l'embrasser, elle le rejette avec naïveté. Lorsqu'il lui propose de passer une nuit en sa compagnie, elle ne comprend pas ce qu'il veut dire. Au cours d'une conversation, il lui dit qu'il l'aime, elle lui répond qu'il est temps pour lui de se découvrir, de « s'explorer » davantage pour mieux connaître ses désirs. Barbie ne l'aime pas, mais n'aime personne d'autre. Elle professe en revanche des tirades sur l'amour de soi, la nécessité de cultiver son indépendance, de se découvrir, de se chérir soi-même avant toute chose. En fait, le film *Barbie* ne fait pas état d'un quelconque sentiment amoureux parce qu'il se conforme aux discours féministes qui définissent l'amour comme un asservissement. L'ultime stade de l'indépendance de la femme serait de renoncer à l'amour ; ainsi l'amour devient une valeur secondaire.

Un article intitulé « Barbie Proves Love Interests Are No Longer Essential[1] » (« Barbie montre que l'amour n'est plus un intérêt essentiel ») propose aussi cette lecture, mais pour s'en réjouir. Comme lorsque le président Emmanuel Macron, pendant la crise du Covid, distinguait les biens essentiels des autres, les enseignes qui pouvaient rester ouvertes durant le confinement de celles qui devaient garder

1. Publié par le média culturel canadien Comic Book Resources (CBR).

leurs portes closes, l'amour entre l'homme et la femme devient superflu dans un récit digne de ce nom. « Dans *Barbie*, la romance n'est même pas dans l'esprit du personnage principal, note la journaliste qui défend ce choix scénaristique. Barbie et Ken ne devraient pas avoir à dépendre l'un de l'autre pour leur but ; au lieu de cela, Ken doit trouver sa place tandis que Barbie trouve la sienne. Toute l'intrigue du film consiste à se retrouver soi-même, ce que fait Barbie stéréotypée. C'est un reflet de la réalité dans laquelle les gens vivent aujourd'hui, qui les voit s'efforcer d'être les meilleurs pour eux-mêmes et non pour quelqu'un d'autre. » Ah ! Mais en quoi est-ce incompatible ? Depuis quand l'apprentissage de soi rend impossible la poursuite d'une aventure à deux ? Il faut le dire : dans *Barbie*, l'amour est le grand absent. Le scénario ferme totalement la porte à la moindre réconciliation entre les sexes. Il aurait été possible de suggérer, en toute fin, un pas de l'un des deux protagonistes vers l'autre, signe apaisé d'une paix possible, mais non : l'indifférence demeure jusqu'au générique.

Un scénario ambitieux aurait pu ficeler des retrouvailles entre les personnages, mettre en scène quelques regards échangés, quelques mots doux pour trahir l'apparition d'une attraction larvée. Les sexes auraient pu se tendre la main dans un ultime élan de bienveillance, entamer un dialogue de façon respectueuse, imaginer un autre monde possible, mixte, qui ne soit ni Barbieland, ni Ken Land, mais un Barbie Ken Land. Ken aurait pu jouer son rôle, accompagner Barbie dans ses pérégrinations, porter son sac, pimenter la vie de la poupée avec quelques péripéties romantiques, donner des occasions d'exprimer des sentiments et d'aller à des rendez-vous galants. L'interprétation cinématographique aurait pu donner lieu à mille histoires d'affrontement et de retrouvailles, de chastes romances et de batailles conjugales entre Barbie et Ken. Initialement, leur relation était entourée de mystère et de magie, elle laissait toute sa place à l'imagination du meilleur et du pire. Ici, il n'en est rien.

L'actrice qui incarne le personnage féminin à l'écran, la stupéfiante Margot Robbie, explique, elle, l'absence d'intimité du couple par l'absence d'organes génitaux. En effet, comme sa version originale en plastique, le personnage est châtré, comme le montre une brève scène, ce qui annihile tout désir potentiel d'intimité partagée. « C'est une poupée en plastique… Si elle n'a pas d'organes, elle n'a pas d'organes reproducteurs. Si elle n'a pas d'organes reproducteurs, ressentirait-elle même du désir sexuel ? Non, je ne pense pas qu'elle pourrait le faire[1] », juge l'actrice. Difficile de ressentir du désir charnel avec du plastique, difficile même de faire l'expérience de l'animalité de la vie humaine, raison pour laquelle résonne la scène finale de son choix du monde réel : Barbie décide d'aller chez le gynécologue. Cela étant, l'incapacité sexuelle ne signifie pas absence de romance : par exemple les eunuques ou les excisées vivent des histoires d'amour profondes et ne sont pas exempts de tendresse. Ken justement, qui est aussi dégarni qu'elle entre les jambes, parvient à exprimer son souhait de passer du temps à ses côtés.

L'idéologie néoféministe ne se contente pas de concevoir le rapport entre les sexes avec manichéisme, de reléguer l'amour dans le carton des biens non essentiels, de mimer une guerre des sexes, de promouvoir la haine des hommes, encore faut-il briser des couples. Sur les réseaux sociaux (TikTok, Twitter et Reddit), des jeunes femmes racontent avoir quitté leur conjoint après avoir vu le film en leur compagnie. Elles auraient pris conscience de l'écart de compréhension de certaines problématiques sur les dynamiques masculines et féminines, de leurs divergences idéologiques profondes, qui

1. « Barbiemania ! Margot Robbie Opens Up About the Movie Everyone's Waiting For", *Vogue*, 24 mai 2023.

rendraient impossible la poursuite de leur relation. Le film est appréhendé comme un « test relationnel » recommandé par des femmes pour des femmes pour mesurer la validité émotionnelle à partir du point de vue sur le film : c'est le « Barbie Boyfriend Test ». « Je pense sincèrement qu'emmener votre petit ami voir *Barbie* devrait être votre test de relation pour décider s'il est bon comme un partenaire potentiel à long terme », conseille l'utilisatrice Rose dans une vidéo déjà visionnée plus de 4 millions de fois sur TikTok. Elle suggère d'être attentive à la moindre réaction de l'énamouré. « Comment réagit-il quand vous lui dites que vous voulez voir le film avec lui ? Que pense-t-il de la raison pour laquelle certaines choses se produisent dans le film ? Que pense-t-il d'Allan [un personnage du film] ? Quelles sont ses réflexions sur le montage à la fin ? Quels sont ses sentiments sur la façon dont Ken a été dépeint ? » Et les réponses permettraient de déterminer si le partenaire ferait un bon compagnon à long terme. Ainsi, s'il a le malheur de ne pas être masochiste jusqu'au bout des ongles, de rechigner à voir ridiculiser l'être porteur de pénis durant deux heures dans une salle obscure, le voilà largué sur-le-champ, expulsé en deux temps trois mouvements d'une maison de Barbieland. Avec ce test, la terreur ne vient plus jusque sous les draps, mais traque le politiquement correct dans les goûts cinématographiques.

Encourager la rupture des couples n'était en tout cas pas l'ambition première de l'entreprise Mattel lorsqu'elle a conçu la poupée Barbie. La firme voulait se remplir les poches certes, mais en offrant une amie fidèle et à toute épreuve aux petites filles, pour supporter l'ennui et/ou le sentiment de solitude. Aujourd'hui, l'idéologie néoféministe dans l'air du temps a structuré un narratif plein d'aigreur et de ressentiment, façonné un récit politique centré sur une lutte de pouvoir qui ne suscite pas la moindre émotion. Le premier film consacré au couple mythique de poupées se veut éducatif, professe une vision revancharde entre l'homme et la femme, figeant la relation entre Barbie et Ken dans un mode conflictuel et glacial. Avec Ken, la nouvelle Barbie ne nous fait plus retomber en enfance : elle nous propulse en enfer.

8

Emmanuelle Seigner et Roman Polanski, la force sacrificielle

Emmanuelle Seigner donne une sacrée leçon au XXIe siècle. Débuter une romance avec un homme alors qu'il est puissant, richissime, et que le gratin cinématographique est à ses pieds est une chose, lui rester fidèle alors que la planète est à ses trousses et qu'il est embourbé jusqu'aux dents dans des affaires plurielles en est une autre. En restant mariée toute sa vie au réalisateur Roman Polanski, Emmanuelle Seigner a choisi l'option la plus contre-intuitive et contre-nature qui soit, si l'on conçoit la nature humaine comme peu encline au courage pour soi-même et moins encore pour les autres. Lui rester attachée, c'est accepter d'entrer dans la fosse aux lions, de se laisser accrocher une cible dans le dos. En de telles circonstances, nombre d'actrices auraient pris leurs jambes à leur cou, ou la porte avec fracas, pour se protéger de cette présomption de culpabilité découlant de son alliance. Elles auraient pris la poudre d'escampette, demandé le divorce et se seraient entichées du premier acteur français venu, auraient récité par cœur le catéchisme de l'homme bourreau et de la femme victime. Si elle avait voulu se laver définitivement de tout soupçon, elle aurait pu, quand le vent a commencé à tourner, divorcer de son époux et hurler avec les loups lors d'une interview diffusée aux heures de grande écoute à la télévision américaine, profiter de l'occasion pour s'habiller en noir et verser quelques larmes de crocodile. C'est ce que l'on appelle baisser les armes plutôt que de mener une guerre de l'information perdue d'avance. En un claquement de doigts, elle aurait retrouvé sa superbe, son prestige social, elle se serait drapée de nouveaux attributs moraux que confère le statut de victime et aurait reçu de puissants soutiens, de solides appuis. Immédiatement, on lui aurait rouvert les studios de cinéma et les bonnes pages des magazines, elle aurait été appelée à un autre destin que celui qui la condamne socialement, sans qu'elle ait jamais été jugée par le moindre tribunal judiciaire. Cela aurait été son droit le plus strict, de choisir l'égoïsme et la facilité pour sauver sa peau, plutôt que de se condamner à un calvaire. Au lieu de cela, elle n'a pas vrillé durant trois décennies, elle a soutenu le père de ses enfants contre vents et marées, respectant à la lettre la promesse faite de se lier à lui pour le meilleur et pour le pire. Par sa fidélité et sa loyauté, elle donne à voir ce qu'est l'amour lorsqu'il n'est pas conditionné, lorsqu'il n'est pas dépendant de l'humeur du jour ou du pouvoir qu'il peut conférer. Emmanuelle Seigner donne à voir ce qu'est l'amour lorsqu'il est absolu et ne s'en excuse pas le moins du monde. « Avez-vous un jour envisagé de le quitter[1] ? » la cuisine la journaliste Audrey Crespo-Mara, au cours d'un portrait qui lui est consacré sur TF1. « Je n'ai aucune raison de le quitter : il est un très bon mari et un très bon père. Il a toujours été adorable avec moi et ma famille. Pourquoi je le quitterais ? Je n'ai pas de raison, à part la lâcheté. J'ai beaucoup de défauts mais je ne suis pas lâche », juge-t-elle. Manifestement, ni lâche, ni langue de bois.

L'actrice regrette, dans ce même entretien, la présomption d'innocence bafouée du père de ses enfants et juge que sa « barbarisation » est un coup monté par une poignée de femmes qui n'assument pas leur désir, *a posteriori*. « Moi, quand j'ai connu mon mari, toutes les femmes voulaient coucher avec lui, c'était un truc de dingue, c'était fou, quoi.

1. Interview accordée à *Sept à huit*, TF1, 16 octobre 2022.

Il avait 52 ans, il avait l'air d'en avoir 30, il était un grand metteur en scène, donc il attirait énormément et je pense qu'il n'avait besoin de violer personne », juge-t-elle. Des propos prononcés avec une voix douce et une désarmante simplicité, qui lui vaudront des torrents d'insultes sur les réseaux sociaux et pour lesquels elle finira par s'excuser, regrettant une « maladresse », sans réussir pour autant à calmer la foudre des pasionarias de la parole « licite ». Pour ces propos, elle sera copieusement insultée par celles qui mériteraient de féminiser cette sentence du polémiste Philippe Muray selon laquelle « ils ne risquent pas de déraper, eux, ils sont le verglas ! ».

La fidélité à toute épreuve d'Emmanuelle Seigner à son mari, ce qu'elle dit de la loyauté en amour qui peut aller jusqu'aux plus grandes extrémités, est une qualité rare et peu valorisée en ces temps d'individualisme exacerbé. On vous pardonnera plus facilement de torpiller les autres pour garantir votre ascension, que de vous torpiller pour ceux que vous aimez : si la première situation génère des regards compréhensifs, voire admiratifs, la seconde ne suscite que de la pitié. La constance et la fidélité désertent jusqu'aux comédies romantiques comme l'a montré *La La Land*, sortie en 2016, couronnée de six Oscars, à la fin de laquelle les partenaires se séparent pour avancer dans leurs carrières – ces dernières ne pouvant s'accomplir pleinement qu'aux deux extrémités de la planète. Un épilogue ô combien révélateur de cette hiérarchisation des priorités, de ces nouveaux discours sur l'amour qui le conditionnent à la quête de gloire personnelle.

Emmanuelle Seigner, elle, n'est prête à renoncer à « son » Roman pour rien au monde. Pas question de renier sa relation amoureuse pour des aspirations égotiques. Bien née, dans une famille bourgeoise et cultivée, elle aurait pu rechigner à mettre son confort en péril pour une histoire incomprise. Petite-fille du comédien Louis Seigner, sociétaire de la Comédie-Française, elle voit le jour dans les beaux quartiers parisiens, reçoit une éducation chez les bonnes sœurs, dispose de relations et de tous les atouts pour se tailler une place de choix au sein de l'élite artistique française. Son père est photographe, sa mère journaliste, elle grandit dans une famille d'artistes, ce qui prédestine sans doute l'aînée de trois sœurs à l'affirmation d'un certain anticonformisme. « Une grande belle fille, au look décontracté et chic. Elle a son franc-parler, n'a pas froid aux yeux, une forme d'insolente inconscience[1] », écrira quelques

1. Anne Fulda, « Emmanuelle Seigner, à contre-courant », *Le Figaro,* 6 novembre 2022.

années plus tard la journaliste Anne Fulda, dans un portrait qu'elle lui consacre dans *Le Figaro*. Ouvrir les yeux dans ce type de foyer prédispose à assumer ses prises de risque. Parce qu'elle est grande, belle et sûre d'elle, elle commence une carrière de mannequin à 15 ans, avant d'éclore dans l'univers du septième art, un peu malgré elle. « Je n'avais pas envie d'être actrice, mais c'est venu à moi d'une manière très spontanée… Au début, c'est comme si je résistais à quelque chose, car c'était tellement présent dans ma famille, où tout le monde était acteur. […] Mais quand on est adolescent, on veut toujours faire l'inverse de ce que veut la famille[1] », analyse-t-elle. Seigner est finalement révélée avec le film *Détective* de Jean-Luc Godard, sorti en 1985, dans lequel, à 18 ans, elle partage l'affiche avec Johnny Hallyday, Nathalie Baye et Claude Brasseur. Elle crève l'écran et rencontre le fameux réalisateur franco-polonais Roman Polanski, par le biais de Dominique Besnehard, puissant agent artistique qui fait alors la pluie et le beau temps dans les castings du septième art. Leur relation complice et passionnée s'installe doucement mais sûrement. Le cinéaste est déjà reconnu, il la dirige dans *Frantic*, long-métrage sorti en 1988, où elle donne la réplique à Harrison

1. Interview accordée à Europe 1, le 16 septembre 2018.

Ford. Raymond Thierry Liebling de son vrai nom, le cinéaste a passé une partie de son enfance dans le ghetto juif de Cracovie pendant la guerre et réalisé des œuvres devenues des classiques, comme *Répulsion* avec Catherine Deneuve et *Rosemary's Baby,* dans lequel il met en scène Mia Farrow. Sur le plan sentimental, il est meurtri dans sa chair, frappé par une tragédie d'une violence inouïe : le meurtre de son épouse âgée de 26 ans enceinte de huit mois de leur enfant, poignardée à seize reprises par des adeptes de la secte fanatique du gourou Charles Manson.

Lorsqu'ils se rencontrent, Emmanuelle Seigner a 18 ans, ou presque, lui 51. Elle mesure 1,70 mètre, lui 1,65. Des différences qui ne sont pas des oppositions. « Je n'aurais pas supporté quelqu'un qui m'aurait fait des scènes de jalousie par exemple. Je pense qu'un mec de mon âge n'aurait pas pu me gérer. J'étais un peu trop sauvage, rebelle. Roman ne m'a jamais emmerdée ! C'était un homme libre, qui avait confiance en lui, et que j'admirais. Nous avons eu une relation très adulte dès le départ[1] », analyse l'actrice. Il la dirige dans ses films, ils se marient en 1989 et donnent naissance à deux enfants. C'est plus tard, en 2009, que le couple est

1. Interview accordée à *Gala*, 30 octobre 2019.

frappé de plein fouet par « l'affaire » et un imbroglio juridique interminable. Cette année-là, il est interpellé à Zurich, en Suisse, alors qu'il est invité à un festival de cinéma, en raison du mandat d'arrêt émis par les États-Unis. Il est rattrapé par une affaire judiciaire survenue trente ans plus tôt : en mars 1977, le cinéaste a été inculpé à Los Angeles dans une affaire d'abus sexuel sur mineure. Samantha Gailey, 13 ans et demi, l'accuse de lui avoir fait boire du champagne, consommer de la drogue et d'avoir eu des rapports sexuels illégaux avec elle dans une maison de Los Angeles, après qu'elle a dit non. Des faits que l'intéressée a décidé de pardonner publiquement des années plus tard. À présent, Samantha Geimer, qui porte le nom de son mari, tient à ce qu'on la définisse comme « une mère de trois fils, une Américaine, mariée depuis bientôt vingt-cinq ans, une assistante de direction » plutôt que comme « victime du célèbre réalisateur Roman Polanski ». À l'inverse des discours qui ne décrivent que des femmes broyées par des événements survenus des décennies plus tôt, ravagées psychologiquement par une main baladeuse ou un mot de travers, elle n'a pas honte de sa capacité de résilience. Non, elle n'a pas été traumatisée par l'événement et cela ne l'a pas empêchée de refaire sa vie, de se marier et d'avoir des enfants, d'être heureuse. Elle a pardonné, s'est délestée d'un poids qu'elle ne voulait pas porter indéfiniment et s'il demeure un chagrin, c'est celui de devoir porter cette étiquette que la presse persiste à lui coller à la peau. Une position intime, marginale et sulfureuse, qui n'est pas universalisable, mais qui ulcère le mouvement néoféministe, qui aimerait tailler dans sa douleur comme avec un couteau et en faire une arme dans une guerre idéologique. Il fallait une journaliste bien singulière pour avoir le panache d'organiser une rencontre que personne n'attendait. Le 12 avril 2023, le magazine *Le Point* organise sous la houlette de Peggy Sastre, une couverture qui fait immédiatement scandale : Samantha Geimer et Emmanuelle Seigner se rencontrent pour la première fois. Le cliché montre les deux femmes face à face, le sourire en coin. Deux extraterrestres de la même génération, « liées d'une certaine façon, comme dans le même bateau », par un homme, une histoire, qui assument une distance vis-à-vis de ce que l'on attendrait d'elles et qui s'entendent pour critiquer sans ambages l'ère post #MeToo et ses dérives, cette époque qui se targue de « libérer la parole » des femmes, mais qui voudrait bâillonner celles qui s'écartent de ses directives. Une hypocrisie franchement dénoncée par Geimer. « C'est un prétexte, une façade, c'est bidon, hypocrite. C'est de la bienveillance bidon, de la libération bidon. La parole des femmes se libère ? La bonne blague, tout ce qu'ils veulent, ce sont des femmes détruites, des femmes en souffrance. Et ils veulent exploiter cette douleur jusqu'au trognon », juge-t-elle dans l'hebdomadaire. Plutôt que de s'affronter sur un ring de boxe ou de se lancer des noms d'oiseaux, plutôt que de partir en guerre l'une contre l'autre ou d'écrire des livres pour s'assassiner symboliquement, elles conversent le plus sereinement du monde sur ce qu'elles ont en commun. De son côté, Geimer revendique le droit d'avancer dans la vie et de considérer que son agresseur a payé sa dette à la société. « Que ce soit bien clair, affirme-elle, ce qui s'est passé avec Polanski n'a jamais été un gros problème pour moi. Je ne savais même pas que c'était illégal, que quelqu'un pouvait se faire arrêter pour ça. J'allais bien, je vais toujours bien et qu'on ait fabriqué ce truc me pèse énormément. Devoir répéter constamment que ce n'était pas bien grave, c'est un terrible fardeau. » Tout autant, Seigner aimerait que l'on cesse de résumer son identité à l'alliance qu'elle porte à l'annulaire gauche. « Ils veulent vous voir comme une victime et moi comme une épouse. Rien d'autre. Je trouve ça terriblement sexiste, regrette-t-elle. Vous savez, après #MeToo, c'est comme si je n'arrivais plus à travailler. Alors qu'avant j'avais des contrats partout, pour la mode, le cinéma... Et maintenant, quasi rien en comparaison. Comme si j'étais devenue radioactive, en particulier en France. Mais qu'est-ce que j'ai à me reprocher ? »

Voilà une question bien légitime : qu'est-ce qu'Emmanuelle Seigner a à se reprocher ? En quoi est-elle responsable et coupable des affres de son mari ? A-t-elle tué quelqu'un ? Est-elle une rabatteuse comme l'a été, par exemple, Ghislaine Maxwell pour l'homme d'affaires Jeffrey Epstein, la pièce maîtresse d'un réseau d'exploitation sexuelle ? A-t-elle quelque chose à voir avec celle qui allait cueillir de très jeunes filles comme des fleurs à la sortie du lycée et qui s'attelait à les convaincre d'échanger des faveurs sexuelles contre de l'argent ? A-t-elle quelque chose en commun avec celle qui mettait son cœur à l'ouvrage à mettre des nymphes entre les cuisses d'un porc et de ses copains ? Emmanuelle Seigner, elle, n'est coupable de rien, si ce n'est de soutenir bec et ongles son mari par amour. Elle n'est coupable de rien, si ce n'est d'avoir résisté aux charognards qui auraient voulu qu'elle le largue, qu'elle le fasse payer pour les autres, qu'elle ajoute de la punition à la punition pour assouvir la passion déchaînée des groupes et leur soif de vengeance toujours plus insatiable.

Seigner n'a rien à se reprocher, sa vie a pourtant été « incendiée », du titre de ce récit[1] qu'elle écrit durant six ans pour livrer sa vérité sur les affaires judiciaires de son époux. La métaphore de l'incendie, des flammes incandescentes qui ravagent tout, illustre d'ailleurs judicieusement les conséquences collatérales que « l'affaire Polanski » a sur sa famille. On lui a fermé les portes, tourné le dos, on a ruiné sa réputation, particulièrement depuis la révolution des mœurs consécutive de l'affaire Weinstein. « J'ai beaucoup perdu en France, où je suis blacklistée », confie-t-elle. Le milieu du cinéma qui, lorsqu'il était auréolé de succès, multipliait les tribunes pour soutenir son époux et nuancer les accusations portées contre lui par la presse, se fait aujourd'hui tout petit.

« Radioactif » est un terme qui reflète bien le niveau de contamination presque nucléaire qui les frappe, elle et ses enfants, pour rester fidèles au cinéaste. Comme Samantha Geimer, certains aimeraient qu'elle la boucle une bonne fois pour toutes. Comme elle, sa parole est tantôt passée sous silence, tantôt combattue avec hargne. « Quand mon livre est sorti, j'ai fait plusieurs interviews

1. Emmanuelle Seigner, *Une vie incendiée*, Éditions de l'Observatoire, 2022.

pour la télé. Pendant l'une d'elles, un journaliste était extrêmement pénible, à ne pas vouloir m'écouter, à vouloir me piéger. Vraiment très pénible. À un moment donné, j'ai failli lui montrer mes seins en lui disant : "Vous voyez, moi aussi je suis une femme, pourquoi je n'aurais pas le droit qu'on m'écoute ?" » explique-t-elle. Sans doute parce qu'il n'y a qu'un discours autorisé en ce domaine : celui prononcé par le « parti revendiqué », les associations néoféministes « officielles » comme Osons le féminisme, comme si la forme du sexe impliquait une quelconque affiliation à un parti politique avec une charte écrite à l'avance et des codes de conduite. Plus encore que la difficulté d'être entendue et comprise, Emmanuelle Seigner s'est attiré les foudres d'autres femmes, dont une certaine Bénédicte Martin, publiée dans un blog hébergé sur Mediapart. « Si vie incendiée il y a, c'est le violeur qui en a allumé la mèche, juge-t-elle. Emmanuelle se dit frondeuse, guerrière, "féministe avec un mais !" parce qu'elle a le verbe haut et la vulgarité bourgeoise – Vénus à la fourrure. Elle est dans un déni erratique. Son livre relève de l'indécence la plus totale et participe à la culture du viol. » Certains détails précisés, censés aggraver son cas, sont surprenants : aurait-on lâché la grappe à Emmanuelle Seigner si elle venait d'une famille au RSA adhérente au Nouveau Parti anticapitaliste ? En quoi sa condition objective de privilégiée sociale rend l'empathie vis-à-vis d'elle suspecte ? Quoi qu'il en soit, cette attaque a le mérite de fort bien mettre en lumière l'agacement des « exciseuses » idéologiques, tellement obnubilées par l'idée de sanctionner les paroles déviantes, tellement aveuglées par leur combat contre les hommes, qu'elles se révèlent incapables de saisir une clé de compréhension essentielle dans toute cette histoire, cette idée vieille comme le monde selon laquelle on peut faire reculer allègrement le seuil de la tolérance en amour, qu'il s'agit même d'un signe d'affection et d'attachement élémentaire. Une faiblesse incomprise, rejetée avec véhémence, tandis que l'aigreur, la colère et la rage misandres sont valorisées socialement.

Cette chasse aux sorcières va jusqu'à atteindre la santé de ses proches. Son fameux essai biographique, qui raconte le calvaire de sa famille au cours des dix mois qui ont suivi l'arrestation du cinéaste à Zurich, elle le dédie à son père, mort en 2022, tombé malade juste après la 45e Cérémonie des Césars, au cours de laquelle le milieu du show-biz s'est acharné sur « son » Roman. « Je ne pourrais jamais dire qu'il est mort à cause de tout ce déchaînement, cela serait malhonnête, mais disons que cela ne l'a pas aidé[1] », précise l'actrice. Comme la France entière, son père tant aimé, qui a soutenu le couple toute sa vie, a eu vent de cette soirée d'hiver explosive au cours de laquelle une partie du monde du cinéma s'est dressée contre l'autre, sur le dos de son époux. Si le vieil adage suggère de laver son linge sale en famille, le gratin du septième art éprouve un malin plaisir à le faire en direct devant les caméras, et ce soir-là, en l'occurrence, depuis les locaux cossus de la salle Pleyel à Paris. Quelques heures avant le début des festivités, un rassemblement d'associations féministes fait grand bruit, alors que Polanski est sous le coup de nouveaux témoignages d'accusations de viol prescrites. Toute la soirée, la maîtresse de cérémonie Florence Foresti cible le réalisateur sous les gloussements du public. « Bonsoir, bienvenue à la cérémonie des taulards… Euh, des Césars, lance-t-elle en préambule de la soirée. Il paraît qu'il y a des gros prédateurs… Euh, producteurs dans la salle. Ça tombe bien, je suis bien équipée… pour signer les gros contrats ! » lance-t-elle au micro, rieuse. Fait rare, le ministre de la Culture d'alors, Franck Riester, sort de sa neutralité[2] et juge qu'une récompense qui

1. Interview accordée au *JDD*, le 22 octobre 2022.
2. Interview sur France Info.

reviendrait au réalisateur franco-polonais serait « un symbole mauvais par rapport à la nécessaire prise de conscience que nous devons tous avoir dans la lutte contre les violences sexuelles et sexistes ». Manque de bol, ce soir-là, Roman Polanski est récompensé du prix de la Meilleure réalisation pour son film *J'accuse,* sur l'affaire Dreyfus : annonce qui provoque la rage et le départ en trombe de l'actrice Adèle Haenel sous l'œil du public et des caméras. Par cet acte de « rébellion » – qui consiste à simplement à quitter son siège –, elle devient la nouvelle coqueluche des néoféministes, le nouveau visage d'une lutte plurielle qui amorcera son entrée dans la radicalité, au point que la journaliste Eugénie Bastié la soupçonnera d'être sous l'emprise de « dérive sectaire[1] ». Quelques mois plus tard, l'actrice exhibera une coupe à la garçonne, des yeux vides, semblables à ceux d'un adolescent mal dans sa peau, carburant à de la poudre blanche. Elle appellera à « la fin du système capitaliste », dénoncera « un gouvernement de violeurs » avant de faire son adieu en grande pompe au monde du cinéma, dans une tribune publiée 9 mai 2023 dans *Télérama*[2].

1. Chronique d'Eugénie Bastié sur Europe 1, le 12 mai 2023.
2. Adèle Haenel, « J'ai décidé de politiser mon arrêt du cinéma », *Télérama,* 9 mai 2023.

Anecdote cocasse, la même Adèle Haenel se serait, quelques années plus tôt, agenouillée aux pieds d'Emmanuelle Seigner pour la féliciter de l'interprétation d'un rôle phare dans un film dirigé par son mari. « Au moment de *La Vénus à la fourrure*[1], elle est venue me voir au déjeuner des Césars. On avait huit nominations, moi j'étais nommée pour la meilleure actrice[2], a raconté l'épouse de Roman Polanski. Elle s'est agenouillée, elle m'a pris la main et elle m'a tellement félicitée pour mon rôle. Pour un film de mon mari, extrêmement féministe en plus. Donc oui, j'ai trouvé ça fou ! »

Quelques années plus tôt, avant l'ère #MeToo et ses dérives, le vent soufflait dans l'autre sens, la plupart des personnages médiatiques qui voulaient s'assurer d'une progression dans leur carrière et gagner les faveurs des puissants se positionnaient en défense de Polanski et s'autorisaient à reconnaître le talent de sa filmographie. Désormais, alors que la révolution néoféministe s'est accompagnée de son lot de terreur, comme la Révolution française a été suivie de décapitations en rafale, c'est sur l'autre bord qu'il faut se placer pour avoir la vie sauve. Alors qu'il fallait défendre à tout prix,

1. Interview accordée à *Sept à huit*, TF1, 16 octobre 2022.
2. *Ibid.*

indépendamment des tenants et des aboutissants de l'affaire, il est désormais conseillé d'attaquer coûte que coûte. En cela, Emmanuelle Seigner est infiniment plus courageuse et subversive que les militantes comme Adèle Haenel : si la première reste fidèle à ses principes et ne craint pas d'affronter les bas instincts de l'opinion publique, la seconde ne fait qu'ajuster ses combats au gré des nouvelles lubies pour mieux se faire valoir. Si la seconde est devenue l'égérie d'une lutte populaire en rejoignant la doxa, fait les gros titres des magazines, devient un objet de fascination, de discussions et d'articles, la première est invisibilisée, piégée, rangée du côté des violeurs et des crapules, du camp anti-femmes comme si elle n'en était pas une elle-même. Emmanuelle Seigner consent à avaler toutes les couleuvres, à supporter toutes les radiations, avec droiture, sans accepter le moindre faux-semblant, comme elle en témoigne de nouveau en 2018, lorsque l'Académie des Oscars lui propose d'intégrer ses rangs, au nom de la féminisation. « Cette Académie pense probablement que je suis une actrice suffisamment arriviste, sans caractère, pour oublier qu'elle est mariée depuis vingt-neuf ans avec l'un des plus grands metteurs en scène, écrivait-elle en 2018, dans une lettre ouverte publiée dans le *Journal du dimanche*. Je l'aime, c'est mon époux, le père de mes enfants. On le rejette comme un paria et d'invisibles académiciens pensent que je pourrais monter les marches de la gloire dans son dos ? Insupportable hypocrisie[1] ! » s'exclame-t-elle, envoyant bouler l'Académie que tant d'autres seraient prêts à tuer pour rejoindre.

Emmanuelle Seigner consent à une part de sacrifice en amour et elle n'est pas la première. Comme la sienne, nombre d'histoires passées et présentes font écho au renoncement du confort matériel et des titres, des positions sociales et politiques, pour sanctuariser la relation ou protéger l'être aimé. Hommes et femmes qui, en leur âme et conscience, ont laissé leur calculatrice au placard parce qu'ils considéraient que le jeu en valait la chandelle. Emmanuelle Seigner nous apprend que le véritable amour ne dépend pas du sens du vent, que l'amour profond n'est pas conditionné aux sacrifices qu'il appelle. Qu'il demeure « quoi qu'il en coûte », selon la formule d'Emmanuel Macron, qui l'employait pendant la crise du Coronavirus pour montrer que l'État mettrait en place tous les moyens possibles pour soutenir l'économie. La sauvegarde de nos entreprises doit permettre de donner sans compter, eh bien, l'amour aussi doit tout permettre, tout autoriser et au diable les jugements moraux d'hier et

1. Lettre ouverte publiée dans le *JDD*, le 7 juillet 2018.

d'aujourd'hui, les théoriciens des nouveaux discours amoureux qui condamnent le renoncement pour l'autre, mais qui ne trouvent rien à redire s'ils ont lieu au nom de grandes causes collectives, sociales ou politiques. Chaque jour est louée la prise de risque au nom d'une carrière professionnelle ou de l'investissement au service de la collectivité, des associations caritatives ou des militantismes en tout genre. Bien sûr, il n'est jamais nécessaire de se sacrifier, encore moins de se fondre dans l'autre à la moindre occasion comme dans le romantisme allemand – l'amour n'est pas le purgatoire de soi-même –, mais pourquoi Emmanuelle Seigner ne pourrait être soutenue comme une femme aimante, prête à tout supporter pour défendre l'homme qu'elle aime ?

9

Tina Kunakey et Vincent Cassel, le mariage vandalisé

Sur la côte basque au cœur de l'été, le ciel est turquoise. Ce 24 août 2018, après trois ans d'amour, l'acteur mythique du cinéma français Vincent Cassel, et l'étoile montante du mannequinat, Tina Kunakey, se disent « oui » à la mairie de Bidart, là où ils se sont rencontrés pour la première fois. Sur les photographies abondamment publiées dans la presse, le couple fusionnel s'affiche tout sourires et se dévore du regard. Cassel porte un costume écru et une chemise rose, Tina Kunakey, une robe bustier blanche au décolleté plongeant, signée par la créatrice Vera Wang. Cent cinquante invités triés sur le volet sont présents à la cérémonie qui scelle leur amour, parmi lesquels la fine fleur du gratin cinématographique et de l'univers de la mode : Leïla Bekhti, Gilles Lellouche, l'artiste JR, l'ancien nageur et champion olympique Florent Manaudou, ou encore la révélation du film *La Vie d'Adèle*, Adèle Exarchopoulos. Une ambiance chaleureuse et festive, une bulle de bienveillance, à l'abri de la violence qui s'abat sur le couple depuis l'officialisation de sa relation. En cause : leurs différences, plurielles et radicales, qui sautent aux yeux sur les clichés du mariage. L'acteur a 51 ans, des cheveux blancs et la peau claire. Elle, 22 printemps, un visage poupin et des épaules couleur ébène sur lesquelles rebondissent ses boucles brunes. Elle est née d'un père marocain, d'origine togolaise, et d'une mère sicilienne, lui d'un père français et d'une mère d'origine corse. Leur différence d'âge, trois décennies, et de couleur de peau font souvent l'objet d'injures et de railleries, de mépris et de quolibets, mais cette violence atteint un seuil inégalé avec le saccage de la mairie quelques heures avant qu'ils ne se passent la bague au doigt.

C'est au petit matin que des employés municipaux découvrent avec stupéfaction le pot aux roses, alors que Cassel avait annoncé la veille la tenue de la cérémonie au grand public. Des inscriptions manuscrites particulièrement évocatrices recouvrent la façade en pierre de l'édifice. « Femme objet pornifiée », « mariage machiste » et « sexclavagiste » ont été tagués au cœur de la nuit par de mystérieux militant(e)s, avant que les agents municipaux ne s'emploient à les faire disparaître[1]. Des slogans écrits sur le bâtiment où était prévue la cérémonie d'alliance du couple Cassel/Kunakey, laissant peu de place au doute quant aux protestataires et à la nature de leurs revendications. Comme sous la IIIe République, « Vive le roi ! » ou « À bas la République ! » gribouillés dans les bourgs parisiens portaient le sceau des Camelots du Roi, des opposants à la République, la référence intempestive à la violence masculine pour condamner un mariage d'amour porte la marque des staliniennes à jupons. « Sexclavagiste », contraction des termes « sexisme » et « esclavagisme », signe ce féminisme radical qui essentialise le couple à sa dimension sociale et politique, à ses critères objectifs interprétés comme des symboles, en l'occurrence la différence de sexe, d'âge et de couleur de peau. Ce néologisme porte la signature de ce féminisme qui victimise la femme et diabolise l'homme au nom d'une perception sociale des sexes, au plus grand mépris du caractère singulier et individuel de chaque histoire d'amour. Cassel étant blanc et bien plus âgé que Kunakey, il serait le représentant d'un système « patriarcal » dépassé et sa

1. « Pays basque : la mairie de Bidart taguée pour le mariage de Vincent Cassel et Tina Kunakey », *La Dépêche*, 25 août 2018.

compagne serait prisonnière de ses griefs sans en avoir conscience.

La vandalisation de la mairie est l'épilogue d'une longue campagne de haine dont Vincent Cassel et Tina Kunakey ont été la cible tout au long de leur vie sentimentale, jusqu'à leur séparation (qui semble se profiler à l'heure où ces lignes sont écrites). Les impératifs moraux n'ont cessé d'accabler les deux tourtereaux, de les discriminer avec divers argumentaires rationnels. Déjà, lors de l'annonce de leur union civile, des féministes s'inquiétaient de la nouvelle par voie de presse. Dans une missive publiée dans *L'Express* intitulée « L'amour n'a pas d'âge ? C'est non [1] ! », la journaliste Élodie Emery s'agaçait de l'annonce de leur union en grande pompe, en couverture d'un magazine people. « Puisqu'il faut bien parler des choses importantes, nos confrères de *Voici* nous ont appris cette semaine que Vincent Cassel, 51 ans, va épouser Tina (qui n'a pas de nom de famille malheureusement), 21 ans », commence-t-elle. Elle énumère les hommes connus et puissants, du milieu du show-biz, qui, comme Vincent Cassel, ont d'abord vécu une longue histoire avec une femme de leur génération, avant de se mettre en couple avec une autre, plus jeune. Elle

1. Élodie Emery, « L'amour n'a pas d'âge ? C'est non ! », *L'Express*, 31 juin 2018.

fait alors allusion à la première union mythique de l'acteur, avec l'Italienne Monica Bellucci, avec qui il a eu deux filles. Et de citer les autres histoires où la même logique était à l'œuvre : Marc Lavoine, David Guetta, Richard Gere, Bruce Willis, Johnny Depp ou encore Roman Polanski, avant de conclure : « La répétition de ce schéma vieux comme le monde continue d'entériner, encore et encore, l'idée selon laquelle les femmes se périment et se remplacent, comme des yaourts. Ce qui n'est pas du tout, mais alors du tout, 2018. Mettez-vous à la page, les gars. » Nous pourrions lui répondre : « Mettez-vous à la page, madame : dans un couple moderne, ce n'est jamais l'homme qui mène entièrement la danse, ou la femme qui obéit et se soumet à ses moindres désirs comme une marionnette. » De quels côtés sont les clichés machistes ? D'abord, ce ne sont pas toujours les hommes qui quittent leur ancienne compagne : eux aussi se font copieusement larguer, et même plus souvent que les femmes, comme nous l'avons vu dans un précédent chapitre. Ensuite, ces nouveaux couples se décident à deux, ils décident chacun en leur âme et conscience de se plaire et de s'accompagner dans la vie pour de multiples raisons. Ensuite, cet argumentaire ignore sciemment le désir et le pouvoir des nouvelles compagnes. Pourquoi considérer qu'elles seraient passives et naïves, idiotes et obéissantes, parce que plus jeunes, qu'elles ne pourraient pas désirer des hommes mûrs, qu'en leur compagnie elles ne pourraient pas se sentir toutes-puissantes, assumant leurs passions et leur plaisir ? Il y a des femmes qui aiment les hommes plus âgés qu'elles pour une infinité de raisons… qui les regardent. Est-ce justifié à ce titre de les exclure du champ des femmes et du féminisme ? À quel titre poser sur elles un jugement péremptoire ? Pour convenir aux standards « féministes », Vincent Cassel et Tina Kunakey – comme les autres couples qui leur ressemblent – auraient dû éviter de se regarder dans le blanc des yeux et tracer leur route dès leur première rencontre, ou se demander leur extrait de naissance avant de tomber amoureux. Pour faire plaisir aux spécialistes de l'amour raisonnable, les amoureux ne devraient pas s'aimer s'ils n'entrent pas dans les critères de la bienséance.

Anticonformiste, leur histoire est attaquée de toutes parts. Ils subissent une campagne de haine qui s'exerce à différents niveaux : de la dégradation de la mairie de Bidart le jour de leur union civile à des tribunes publiées dans la presse pour mettre en doute la sincérité de leur couple, mais pas seulement. À cela s'ajoutent, de façon récurrente, des commentaires médisants publiés en marge de leurs publications sur les réseaux sociaux. Sur Instagram, où le couple, comme de nombreuses stars du show-biz, partage sa vie avec ses millions d'abonnés, les réprobations tapent souvent sous la ceinture. Moderne, le couple raconte son quotidien sur la Toile, partage des clichés intimes et des déclarations d'amour. Les voilà main dans la main sur les tapis rouges des avant-premières, dans les gradins de Roland-Garros, au premier rang des défilés Alexandre Vauthier ou Louis Vuitton, sur les marches du Festival de Cannes ou les plages de Bahia. Autant d'apparitions publiques racontées en photos, copieusement commentées de façon désobligeante, voire carrément insultante. Des attaques sur lesquelles ils ferment les yeux la plupart du temps, mais auxquelles ils finissent parfois par répondre, non sans humour : « La petite pute prépubère opportuniste et le pédophile grabataire cocaïnomane vous en... brassent », affirment-ils par exemple, sous une photo d'eux tout sourires. Ils détournent ainsi des « surnoms » qui leur sont donnés par des internautes pour épingler leur différence d'âge. « Le Fœtus et le Fossile », écrivent-ils encore, quelques mois plus tard, en légende d'une autre publication, préférant répondre par l'humour à ceux qui condamnent leur histoire. De nouveaux moralistes subodorent, à partir de leur date de naissance, une soumission de la mariée et refusent au couple majeur et vacciné la liberté de s'aimer. La naissance, l'année suivante, d'une petite fille fruit de leur amour, prénommée Amazonie, ne permet pas de calmer les médisants : lorsque la jeune femme annonce sa grossesse, un commentateur ironise : « Ton fils aura une mère et un papy », écrit l'internaute. Ce à quoi le mannequin ne peut s'empêcher de répondre : « Et toi, toujours pas de cerveau », trahissant un agacement et une pointe de sensibilité sur la question. Des accusations de pédophilie, de séquestration, d'emprise psychologique pleuvent sur le couple pour le délégitimer : l'amour qu'ils racontent et affichent au quotidien n'est pas reconnu comme tel. Comme celui du couple Macron, il est jugé factice, mensonger, pensé comme un jeu de faux-semblants qui vise à masquer des intérêts cachés, des manigances. Ils tentent néanmoins, chacun, de se justifier au cours d'interviews accordées à la presse, en narrant la façon dont le coup de foudre entre eux a eu lieu. « Quand j'ai croisé Tina, à Biarritz, elle n'était âgée que de 18 ans. Je ne savais pas quel âge elle avait quand je l'ai rencontrée. Mais tu ne choisis pas de qui tu tombes amoureux. Le lendemain, quand elle me l'a dit, j'ai été un peu surpris mais j'ai pensé : "Eh bien, cela se passe comme ça"[1] », se justifiera l'acteur.

1. « Vincent Cassel dévoile les raisons qui l'ont poussé à épouser Tina Kunakey », *Journal de France*, 27 décembre 2018.

Alors que leur premier rendez-vous se prolonge et que la jeune femme rentre tardivement au domicile familial, qu'il sent que l'histoire pourrait prendre une tournure sérieuse, il prend des mesures pour rassurer sa famille. « Dès le lendemain, j'ai demandé à rencontrer son père, afin de la rassurer. Et tout de suite après, j'ai pensé : “Mais qu'est-ce que c'est que cette idée ?” Je l'avais à peine rencontrée… »

De son côté aussi, Tina Kunakey assume son couple depuis ses débuts et affronte avec une force souveraine les détracteurs qui s'en tiennent aux apparences. Alors qu'elle fait la couverture du magazine féminin *Grazia*, le mannequin qui s'exprime pour la première fois dans la presse au sujet de son couple fait une mise au point. « Il y a beaucoup de choses négatives qui ont été dites à mon sujet, à notre sujet, confie-t-elle. En soi, on n'a rien à prouver à personne. Mais, en accord avec Vincent, j'ai eu envie de remettre les pendules à l'heure, de prendre le contrôle de notre histoire. » C'est ainsi qu'elle raconte son parcours et sa jeunesse. Elle, ancienne adolescente solitaire, qui aurait pu être une grande nageuse si une grave blessure n'avait fait voler son rêve en éclats. Son déménagement à Madrid, où elle obtient son baccalauréat français, puis son entrée dans l'univers de la mode et du mannequinat et ses questionnements quant à la suite de sa carrière. Lorsque Kunakey rencontre Cassel, elle ne sait pas qui il est : elle n'a pas l'habitude de flâner dans les cinémas, ne regarde pas la télévision et, lorsqu'ils sortent ensemble dans la rue, elle est surprise de voir des inconnus le reconnaître. Très famille, elle explique que la seule condition à son histoire d'amour était d'avoir l'aval de ses parents, qu'elle a obtenu, et que le reste lui importe peu.

Les critiques pourtant se succèdent et ne se ressemblent pas. À ceux qui leur reprochent de ne pas correspondre au modèle d'un couple traditionnel, s'ajoutent des « féministes » revendiquées qui exercent une dictature sur la représentation des sexes. Ce féminisme, responsable de la vandalisation de la mairie, est aussi à l'origine d'une remarque particulièrement acerbe, en 2021, lorsque la marque The Kooples a choisi le couple comme nouveaux ambassadeurs d'une collection capsule baptisée « Tina for Vincent », constituée de vestes, chemises, tee-shirts et shorts. « En couple depuis cinq ans, mariés depuis 2018, ils incarnent un couple tout à la fois audacieux, rebelle et charismatique, qui brise les codes et crée ses propres règles », justifie la marque pour vendre ses produits. Et lorsqu'elle publie une photographie classieuse du couple sur Twitter, le venin coule à flots. La journaliste Mona Chollet, qui milite pour abattre « le patriarcat sous les draps », se fend d'un commentaire lapidaire. « Rides et cheveux blancs pour lui, traits lisses pour elle... Fascinant, la façon dont les pubs *The Kooples* avec Vincent Cassel et Tina Kunakey perpétuent le double standard de la séduction et de la domination de l'homme par l'âge dans le couple », juge-t-elle alors dans une publication sur X (anciennement Twitter), avant de se faire moucher sans ménagement par des centaines d'internautes. Ainsi, leur couple ne serait qu'une illustration d'un système de domination, celui d'un homme âgé sur une femme jeune, d'un puissant manipulateur sur une nymphe désarmée, les deux étant essentialisés tantôt à leur sexe tantôt à leur couleur de peau. Ensemble, côte à côte, pour une campagne de publicité, ils feraient la promotion d'un rapport de domination problématique qui véhiculerait des stéréotypes sexistes et une mauvaise image de la femme. La jeunesse de Kunakey lui est presque reprochée, elle qui, dans la fleur de l'âge, montre une peau fraîche qui n'a pas encore été marquée par le temps. Lui n'étant qu'un prédateur en puissance, et elle, une victime éternelle, inconsciente de sa condition de soumise, et cela indépendamment de toutes les singularités de leurs caractères et de leur histoire, de leur personnalité et de leurs désirs profonds. Au diable le libre arbitre ! Les voilà réduits à des symboles, des fictions projetées, reproductibles à l'infini, enfermés dans des destins programmés. La dégradation de la mairie abritant leur mariage n'est pas anecdotique : elle dit la violence qui s'abat avec de plus en plus de vigueur sur un couple aux critères collectifs marginaux, ces couples maudits par une branche radicale du féminisme qui veut en finir avec l'amour entre l'homme et la femme. Cette condamnation n'est pas l'apanage de quelques militants qui manient les graffitis, elle nourrit toute une littérature, un discours, une idéologie sur l'amour qui va jusqu'à le faire disparaître des contes de fées.

Si la relation Cassel-Kunakey a été une cible choix des « exciseuses », c'est aussi à cause de la figure de l'acteur et de ses prises de position à contre-courant des nouvelles modes idéologiques sur les rapports hommes-femmes. Peu disposé à embrasser les dérives de post-modernité qui s'emploient à abattre les frontières sexuelles, ou à sacrifier son franc-parler sur l'autel de l'unanimisme, l'acteur incarne un peu de cet ancien monde que l'ère post #MeToo voudrait voir disparaître, ce qui lui vaut des accusations de misogynie en série. Interrogé par *The Guardian* à l'occasion de la sortie de sa série d'espionnage *Liaison* sur Apple TV+, dans laquelle l'acteur joue un espion, il explique la façon dont il s'était préparé pour entrer dans la peau de son personnage. Il raconte notamment être parti à la rencontre de mercenaires aux qualités de Caméléon. « Ils n'ont pas l'air dangereux. Ils doivent apparaître et faire comme s'ils étaient des mauviettes à certains moments. De quoi vous laisser penser que vous pouvez les maîtriser, mais vous ne le pouvez pas. C'est une autre façon de montrer ce que c'est que d'être un homme », explique celui qui n'a pas sa langue dans sa poche. Dans cette interview qui a fait hurler dans les chaumières, suscité des dizaines de tribunes et d'éditos incendiaires et des débats enflammés, Cassel donne sa vision de ce qu'est un homme et regrette que la virilité soit devenue taboue. « C'est presque honteux d'être masculin de nos jours. Il faut être plus féminin, plus vulnérable. Mais écoutez, si les hommes deviennent trop vulnérables et féminins, je pense qu'il va y avoir un problème [1]. » Il ne détaille pas le problème en question, mais on comprend qu'il s'inquiète des appels nombreux à féminiser les hommes qui émanent de certains milieux « féministes » et de leurs relais. Par ces mots, il envoie valser avec

1. Stuart Jeffries, « 'If men become too feminine there's going to be a problem' : Vincent Cassel on violence, Brexit and Andrew Tate », *The Guardian*, 17 février 2023.

innocence et simplicité « l'homme déconstruit », qu'une élite déconnectée du réel appelle de ses vœux, montrant un attachement à la différence sexuée, qui permet la rencontre et l'aboutissement de l'altérité par l'amour. L'acteur regrette qu'il soit « presque honteux d'être un homme de nos jours », il déplore l'existence de cette inlassable rengaine qui accuse l'être porteur de phallus d'une cruauté ontologique. Il regrette ces nouvelles morales véhiculées sur les réseaux sociaux, qui veulent réinventer de nouvelles normes et rééduquer la jeunesse sur fond de norme totalitaire. Très présent sur les réseaux sociaux, suivi par plus d'un million de personnes, l'acteur s'inquiète de voir la progression de nouvelles morales qui veulent transformer les sexes et dénaturer les êtres. « Être un homme, ce n'est pas être gonflé à bloc tout le temps, c'est prendre ses responsabilités [...] Regardez ce qui se passe ! Instagram et TikTok regorgent de personnes donnant des images fausses. Les hommes devraient être comme ci, les femmes devraient être comme ça. Vous voyez ? C'est un fantasme total de ce que devrait être la sexualité. Et on a tendance à oublier de quoi il s'agit vraiment. Il s'agit d'être soi-même. » Avec une fine intuition et un vocabulaire des plus directs, Cassel défend sa part masculine contre l'abstraction asexuée, il défend tout à la fois la nature et l'animal humain, le désir de la différence et l'amour. Vincent Cassel, au fond, est un artiste libre.

Bien sûr, de nombreux éditoriaux ont été publiés pour le dézinguer, parmi lesquels une diatribe du magazine culturel *Les Inrockuptibles*[1], écrit par Jean-Baptiste Morain. L'éditorialiste regrette d'emblée que la parole sur le sujet ait été donnée au comédien, car selon lui, « parler genre avec Vincent Cassel, c'est faire un bond temporel à une époque antérieure à #MeToo », lui qui débiterait une « somme d'idées arriérées sur les hommes, les femmes » ne devrait pas être invité à s'exprimer sur la question. En demeurant rétif à la fable moderne de l'homogénéisation des sexes et des genres, l'acteur serait resté bloqué dans une faille spatio-temporelle, avant la révolution sexuelle consécutive à l'affaire Weinstein, qui avait au départ l'ambition de juger plus sévèrement les agresseurs sexuels et qui a engendré une dictature universelle de promotion de l'androgynie. « Le lecteur est tenté de se dire que, décidément, "la vieillesse est un naufrage", comme le disait Charles de Gaulle citant Chateaubriand.

1. Jean-Baptiste Morain, « Vincent Cassel a peur que la "masculinité" disparaisse – et nous met la honte », *Les Inrockuptibles*, 20 février 2023.

Mais quand même, Cassel commence bien jeune à s'échouer », juge le journaliste qui ne se gêne pas, par ailleurs, pour exprimer ainsi une très certaine gérontophobie.

Outre la presse progressiste, le monde du cinéma étrille aussi l'acteur. Charles Berling, par exemple, appuie aussi sur l'âge de son confrère pour délégitimer ses propos qu'il juge « ridicules », assimilant sans la moindre nuance défense de la virilité et viol. « On peut dire qu'il appartient à une époque où les hommes ne faisaient pas grand cas de la sensibilité féminine. Une génération façonnée par le patriarcat qui considère qu'une relation sans consentement n'est pas forcément un viol [1] », juge-t-il. Interrogé à l'occasion de la diffusion d'un téléfilm sur France 2, l'acteur se présentant comme sensible aux violences faites aux femmes poursuit ainsi son opposition, en osant un parallèle peu évident. « C'est n'importe quoi. J'aime beaucoup Vincent, je ne cherche pas à l'attaquer. Mais en quoi le fait d'exprimer sa part de féminité serait dégradant ? Je pense aux propos de Poutine au sujet de Zelensky : "Que ça te plaise ou non, ma jolie, faudra supporter." Voilà la parole

1. « Charles Berling (*Les Siffleurs*) : "Ma mère et ma grand-mère m'ont fait comprendre assez tôt qu'être un garçon ne m'exonérait pas de certaines tâches" », *Télé 7 Jours*, 15 mars 2023.

atroce du patriarcat dans sa plus vulgaire expression. Quant à la conscience de genre, elle n'est pas figée. Un individu peut toujours évoluer dans sa vie, sa sensibilité aussi », assume-t-il. Ainsi, faire l'éloge de la virilité revient à défendre le « patriarcat » et toute tentative de défense de l'homme serait un réflexe appartenant au passé, voué à disparaître.

Outre qu'il s'agit d'une extrapolation manifeste des propos de Cassel, qu'il n'a jamais dit ce dont Berling l'accuse, ou que l'analogie de la confrontation entre deux chefs de guerre est absurde, il est possible de considérer qu'en osant faire un éloge public de la masculinité, Cassel fait preuve d'un indéniable courage. D'une manière générale, qu'un représentant de la gent masculine ose refuser la part grandissante de féminité qu'on lui impose relève de la prise de risque réelle. La plupart des hommes sont tétanisés à l'idée d'être désignés comme agents d'influence du patriarcat et préfèrent entendre à longueur de journée de fausses vérités sans moufter, que de devenir une cible en s'offusquant. Mais pour un artiste évoluant au cœur de la sphère cinématographique au temps de l'affaire Weinstein, risquer d'être potentiellement associé au « culte de la virilité » revient presque à se préparer pour l'échafaud. Il sait qu'il risque de provoquer des réactions, de se retrouver au cœur d'une mauvaise polémique qui viendrait à lui nuire, comme toute personne osant aller à contre-courant sur ces questions. Néanmoins Cassel fait le boulot et porte la voix de cette majorité silencieuse, tapie dans l'ombre, ces pragmatiques vacataires de l'humanité qui se sentent résolument plus « masculins » que « féminins » – même si les proportions ont toujours divergé intimement d'un individu à l'autre – et qui ne méritent pas pour cela d'être balancés avec les « porcs ». Il assume une vision des hommes et des femmes traditionnelle qui ne peut que lui valoir les attaques d'une branche radicale du féminisme qui s'arroge le droit de représenter les femmes… malgré elles.

Par ses propos, Cassel s'oppose aux discours culpabilisateurs de l'offensive misandre qui criminalisent le masculin dans son essence, qui veulent le tordre, le nier dans ses aspirations primaires, le dénaturer. Aux discours qui font la promotion de l'androgynie, de l'idéal d'un être indifférencié, ce mythe qui permettrait de mettre fin aux conflits entre les sexes. Il appelle à accepter que des pulsions traversent nos veines et que nos hormones soient sexuellement différenciées, à ne pas rabâcher les circonvolutions pseudo-intellectuelles à la mode pour devenir ce perroquet moralement dressé qu'est ChatGPT. Si l'homme et la femme sont différents, ce n'est pas parce que la société les a contraints à se développer ainsi, mais parce que la biologie a fait son œuvre, qu'elle a fait naître deux êtres différents, complémentaires, et l'altérité sexuelle a du bon puisqu'elle permet un amour hétérosexuel qui a de l'avenir. Par sa résistance idéologique, Vincent Cassel est une cible de choix des néo-féministes et son mariage avec Tina Kunakey en a fait les frais. Durant cinq ans, le couple n'a cessé de subir les assauts d'un féminisme qui dit agir au nom des femmes, tout en culpabilisant l'une d'entre elles de ne pas avoir choisi un idéal dicté par une certaine idée des sexes. De la vandalisation de la mairie de leur mariage aux commentaires dégradants en passant par les tribunes pour critiquer leur couple : dans quel camp se trouve aujourd'hui le sexisme ? Cassel défend une vision traditionnelle du couple et l'amour comme un événement singulier, des idées simples mais sulfureuses, puisque, comme l'écrit George Orwell, qui en connaît un rayon : « En des temps d'imposture universelle, dire la vérité est un acte révolutionnaire. »

10

Brigitte et Emmanuel Macron, l'asymétrie des âges

« Tandis que le monde me juge, je ne vois pour moi qu'un refuge, toute issue m'étant condamnée, mourir d'aimer. »

Charles Aznavour,
Mourir d'aimer

Combien faudrait-il de gastro-entérologues pour endiguer l'épidémie ? Car il est évident que le couple Macron, par sa seule existence, provoque des ulcères en rafale. Depuis ses premières expositions publiques, des détracteurs n'ont eu de cesse de confesser l'aigreur que leur provoque ce tandem qui échappe à toute normativité. Ce couple qui s'affirme en dehors des lois sociales élémentaires, qui assume ses vingt-quatre années d'écart, n'avait aucune chance de s'attirer la bienveillance des nouveaux inquisiteurs de l'amour. Une poignée d'esprits étriqués, mais non moins bruyants, auraient préféré qu'ils s'ignorent ; qu'Emmanuel Macron jette son dévolu sur une femme de son âge, sans rides ni enfants ; que Brigitte Trogneux ferme les yeux sur ce brillant élève, qu'elle continue à vivre sa petite vie rangée d'enseignante respectable. Ils auraient voulu que les tourtereaux scrutent leurs pièces d'identité respective, comme le font les videurs à l'entrée des boîtes de nuit, pour comparer leur date de naissance et conditionner leur histoire au nombre des années les séparant. Ils auraient dû se tourner le dos, ignorer cette attirance qui les poussait l'un vers l'autre, contraindre leurs sentiments à des choix policés et, surtout, ne pas faire de vagues. Ainsi, seulement, les aurait-on laissés tranquilles. Mais ce n'est pas ce qui s'est passé : le couple n'a eu de cesse de montrer sa ténacité, et a été jugé responsable et coupable de la situation, condamné à des années de mépris et d'humiliation, victime de multiples tentatives de démolition qui ont fait la Une de l'actualité, des théories les plus « abracadabrantesques » aux fantasmes les plus courants.

La vérité, c'est que, ensemble, les Macron constituent à la fois une source d'ulcère pour les nouvelles ligues de vertu et une gifle pour ceux qui ne conçoivent l'amour que comme un choix rationnel et/ou politique. Alors, que faire de ce couple qui contredit l'idée que l'amour est un porte-drapeau des grandes idéologies, les individus reproduisant comme des moutons les grandes tendances collectives ? Cette histoire ne pouvait que scandaliser ceux qui voudraient faire taire cette loi élémentaire selon laquelle il n'y a pas de règles pour choisir l'être aimé, ou, si elles existent, qu'elles ne sont pas rationnelles ou conscientes, mais versatiles, plurielles et mystérieuses. Le couple Macron résiste à ces schémas comme un carré ne parvient pas à pénétrer dans un rond, il s'affirme souverainement comme une expérience métaphysique, singulière et individuelle. Ce couple chiffonne les esprits éduqués qui refusent de prendre au sérieux cet aphorisme du philosophe Blaise Pascal, selon lequel « le cœur a ses raisons que la raison ne connaît point ». Par ces mots vieux de quatre siècles, le philosophe français décrit le cœur comme une force intuitive, agissante, indépendante de la raison, un moyen d'accéder à la vérité et à des voies spirituelles. Un appel à la modestie face aux lois de la vie qui résonne peu à l'ère où l'Homme refuse toute idée de transcendance, qu'il perçoit, *a minima*, comme une domination dangereuse. Néanmoins, l'ère de l'athéisme s'accompagne du biberonnage de générations entières d'adolescentes aux séries américaines sirupeuses, dont un œil optimiste aurait pu annoncer qu'elles balaieraient les jugements à l'emporte-pièce qui condamnent les couples atypiques. La vérité, c'est qu'il n'en est rien, et que le temps n'a en rien adouci leur férocité.

Il fallait du courage pour assumer ce choix, car c'était se livrer à la merci des critiques, aller au-devant de la malveillance, qui relève davantage du mépris que de l'incompréhension. À l'inverse des Macron, nombre de couples sur le devant de la scène politique ont préféré s'épanouir dans la clandestinité pour se protéger des attaques. Eux, très vite, dès leurs premières apparitions publiques, se sont affichés main dans la main devant les photographes et les caméras du monde entier. Une façon d'annoncer la couleur, de dire à ceux qui trouveraient quelque chose à y redire qu'ils n'avaient qu'à aller se faire cuire un œuf. Une exposition rapide, donc, avant un épanchement plus tardif, le temps de trouver le moment opportun. Il faut dire que la réforme du système des retraites, les vœux du nouvel an ou encore le bouclage du budget n'offraient pas l'occasion idéale pour se confesser sur le sujet. Contrairement aux *Rencontres du Papotin*, émission de télévision singulière diffusée le 7 janvier 2023, dont le principe est de filmer une cinquantaine de personnes atteintes de troubles autistiques, menant un grand entretien avec une personnalité publique. Après Jacques Chirac et Nicolas Sarkozy,

Emanuel Macron est ainsi le troisième président de la République à se prêter à ce jeu pas comme les autres, le premier à aller aussi loin dans le dévoilement de ses passions intimes. Ce jour-là, durant une demi-heure, le chef de l'État répond avec décontraction à une batterie de questions aussi inattendues que directes. « Êtes-vous un partisan de droite ? », « T'as beaucoup de pognon ? T'es riche ? », « Tu as des amis ? » lui demande-t-on avec innocence. L'ambiance est bon enfant, des rires communicatifs éclatent dans la salle à intervalles réguliers, les sourires timides se mêlent aux rires nerveux qui donnent à cette émission qui déborde d'humanité un talent manifeste pour faire couler des larmes. Devant 5 millions de téléspectateurs, Emmanuel Macron fend l'armure et se laisse aller à quelques confidences sur le manque de sa grand-mère, Manette, ses deux échecs au concours d'entrée à l'École normale supérieure, et déclame quelques vers de Verlaine à la demande de l'assistance sans manquer son petit effet. Mais c'est une autre séquence intime qui va faire faire jaser dans les chaumières.

Adrien, un apprenti journaliste, se lève micro en main pour prendre la parole mais n'ose pas lire les quelques mots qu'il a griffonnés sur un morceau de papier en guise de travail préparatoire : l'exercice est périlleux car il ne s'agit pas tout à fait d'une question, mais plutôt d'une affirmation aux allures de condamnation. Emmanuel Macron récupère alors le papier et lit ces mots à voix haute : « Il est le président et doit… montrer l'exemple et ne pas se marier avec sa prof », lit-il, avant qu'éclate un grand éclat de rire général. Tout le monde connaît les prémices de la grande histoire d'amour du président avec son épouse et il est vrai que, plus encore que l'écart d'âge, il est rare de voir un couple né d'une relation entre un élève et une professeure s'assumer au grand jour et durer. En France, ces relations sont interdites par la loi si l'élève n'a pas 18 ans, même si elles sont consenties, même si l'élève a atteint l'âge de la majorité sexuelle, même s'il s'agit d'une histoire d'amour partagée. La différence d'âge, de savoir, et donc de pouvoir, fait naître des soupçons d'abus, voire de pédophilie, au nom de la protection du mineur, quand bien même ces histoires se concrétisent en nombre à l'abri des regards et se confient de façon anonyme sur la Toile. Elles sont mal vues, mal perçues, mal comprises, et le plus souvent jugées avec dureté.

L'affaire la plus célèbre du siècle en la matière a éclaté en 1969 et porte le nom de Gabrielle Russier, du nom de cette professeure de lettres entrée dans l'histoire pour sa fin tragique. À 32 ans, l'enseignante a assumé au grand jour sa passion avec

Christian Rossi, l'un de ses élèves, âgé de 17 ans, avant d'être condamnée pour détournement de mineur. « Ce n'était pas du tout une passion. C'était de l'amour. La passion, ce n'est pas lucide. Or, c'était lucide », précisera le jeune homme, deux ans plus tard, le 1er mars 1971 au *Nouvel Observateur*. Mais condamnée par la bigotterie et noyée dans son chagrin, Gabrielle Russier finit par se suicider en s'asphyxiant au gaz dans son appartement. Elle s'est battue un temps pour défendre leur histoire d'amour mais l'acharnement des esprits étriqués a eu raison de ses dernières forces. L'acte final de cette tragédie a néanmoins ému la France de l'époque : Charles Aznavour lui dédia le titre « Mourir d'aimer » en 1971, bande originale d'un film du même titre signé André Cayatte. Georges Pompidou, président de la République tout juste élu, est amené à commenter cette actualité en conférence de presse, et cite des vers d'Eluard consacrés aux femmes tondues à la Libération : « Moi, mon remords, ce fut la victime raisonnable au regard d'enfant perdu, celle qui ressemble aux morts qui sont morts pour être aimés. » Certains disent que l'effet a soigneusement été préparé par le président, mais cela n'enlève rien à son à propos. Un demi-siècle plus tard, certains verront dans l'accession au pouvoir du couple Macron la revanche de Gabrielle Russier.

Pour répondre à son public aux aguets, le chef de l'État sourit comme un petit garçon et ne se défile pas : « Quand t'es amoureux, tu ne choisis pas… lui répond-il avec un sourire en coin. C'est quelque chose qui est plus fort que toi et qui te dépasse… […] Et puis, elle n'a pas été vraiment ma prof. Elle était ma prof de théâtre… Ça ne compte pas pareil », se justifie-t-il. Et il ne ment pas : lorsqu'ils se rencontrent au début des années 1990, il n'est pas dans sa classe, du moins pas au sens strict. Ils fréquentent le même établissement, le lycée de La Providence à Amiens, où Brigitte Macron s'appelle alors Brigitte Auzière. Elle dirige un atelier théâtre et où le jeune Emmanuel ira faire ses premières armes de comédien. Mariée et mère de trois enfants, elle a vingt-quatre ans de plus que lui. La légende raconte qu'ils auraient entretenu pendant plusieurs années une relation strictement « platonique », vivifiée par une admiration réciproque. Brigitte Auzière, respectée par ses collègues et adorée de ses élèves, se trouve destabilisée par l'intelligence et le talent de cet élève. « Il y a un fou dans ma classe qui sait tout sur tout[1] ! » aurait-elle dit un jour en rentrant de l'école. De son côté, le

1. Virginie Linhart, *Brigitte Macron, un roman français*, documentaire, 2018.

jeune Emmanuel tombe sous le charme de sa professeure et désire lier son destin au sien envers et contre tout : il lui promet, à 17 ans, qu'il l'épousera. Alors que des rumeurs commencent à se répandre dans le milieu de la petite bourgeoisie locale, la famille Macron éloigne l'adolescent à Paris où il passe son baccalauréat (qu'il obtient avec mention très bien), entre à Sciences Po, puis à l'ENA, et où Brigitte, divorcée, le rejoint pour vivre avec lui. Ils se marient à la mairie du Touquet, station balnéaire du Pas-de-Calais où est située la villa familiale des Trogneux : lui a 30 ans, elle 54. Elle ne peut plus avoir d'enfant, qu'importe, il considère ceux qu'elle a déjà comme les siens, ils s'affranchissent des regards moqueurs et des critiques acerbes pour se dire oui devant la loi.

Puis la carrière du jeune prodige connaît une ascension fulgurante ; il devient inspecteur des finances, rejoint la commission pour la libération de la croissance française, la fameuse « commission Attali », devient secrétaire général de l'Élysée sous l'ère Hollande et se fait vite remarquer.

« Dès les premières semaines du quinquennat, le secrétaire général adjoint de 34 ans retient l'attention du microcosme : jeune, sémillant, atypique, pas très à gauche. Les journaux lui consacrent des articles. On s'intéresse davantage à ce personnage qu'au secrétaire général Pierre-René Lemas, qui occupe pourtant le poste clé parmi tous les autres, au cœur du pouvoir[1] », explique le journaliste Nicolas Prissette. Alors que sa carrière progresse, sa vie privée se retrouve sous le feu des projecteurs. Le couple intrigue et fascine, il fait rapidement la couverture de la presse people. Lorsque Emmanuel Macron accède à la présidence en 2017, la différence d'âge avec son épouse deviendra un objet récurrent de raillerie de la part des anonymes, des dessinateurs et des humoristes. Le chroniqueur Laurent Gerra la grime en « Grand-mère sait faire un bon café », du nom de cette marque française née à Roubaix célèbre pour ses publicités à la télévision. L'humoriste Tanguy Pastureau tirera, lui, à la sulfateuse, comme à son habitude : « Elle lui a appris à faire ses lacets, le tourniquet bulgare, la brouette, voire les trois au même temps, puisque, à 18 ans, on est souple. En retour, le samedi, il l'emmène chez Damart, puis ils rentrent avant 18 heures pour ne pas rater Questions pour un champion », raille-il au cours de l'une de ses chroniques sur RTL. Ses adversaires politiques ne l'épargnent pas non plus. Pendant la campagne de 2017, Jean-Marie Le Pen qualifie l'adversaire de sa fille de « mari de Mme Cougar ». Durant

1. Nicolas Prissette, *Emmanuel Macron : en marche vers l'Élysée*, Plon, 2016.

la campagne de 2022, Anne Hidalgo – qui fera le score le plus bas de l'histoire du parti socialiste avec 1,7 % des suffrages exprimés lors du premier tour – revient sur son histoire avec son mari, Jean-Marc Germain, plus jeune de sept ans, dans un entretien accordé au magazine *Closer* : « Je ne me sens pas cougar. Contrairement à d'autres, je n'aurais jamais pu tomber amoureuse d'un adolescent. » Des propos qu'elle niera avoir tenus par la suite. Et les moqueries ne sont pas circonscrites au territoire français : elles s'expriment de manière décomplexée à l'international. En 2019, alors que la France intensifie les pressions sur le Brésil pour agir contre des incendies qui ravagent l'Amazonie, le président brésilien n'y va pas non plus avec le dos de la cuiller. Sur Facebook, l'un de ses ministres accuse alors le président français d'être un « crétin opportuniste », Jair Bolsonaro lui répond en publiant deux photos comparatives : l'une de son épouse, 37 ans, rayonnante le jour de son investiture, l'autre, très désaventageuse de Brigitte Macron, le visage grimaçant et les traits tirés. « Vous comprenez maintenant pourquoi Macron persécute Bolsonaro ? » note-t-il sur son compte officiel. Que dire aussi de Silvio Berlusconi, l'ancien président du Conseil italien, qui s'est distingué par une remarque toute singulière sur le couple présidentiel français. « Nous avons là un jeune homme de 39 ans, avec de belles expériences professionnelles derrière lui… Et surtout avec une belle maman qui l'a soutenu depuis qu'il était enfant », glisse-t-il au cours d'une émission de télévision italienne dont l'extrait ne manquera pas d'être traduit en français.

À l'heure où ces lignes sont écrites, les Macron sont unis depuis bientôt trois décennies et forment un tandem solide. Si l'on en croit la journaliste Gaël Tchakaloff qui les a côtoyés dans l'intimité, ils formeraient même le couple le plus fusionnel qu'il y aurait jamais eu à l'Élysée. Rien pourtant ne réussit à faire taire les moqueurs, ni les arguments, ni les pirouettes humoristiques, ni le silence. Leur histoire ne cesse d'être attaquée, mais plus encore, remise en doute. Ce jeune prodige de la politique ne peut aimer une femme qui pourrait avoir l'âge de sa mère : il y a anguille sous roche, baleine sous graviers, un cadavre caché dans le placard. Il faudrait révéler ces-choses-qu'on-nous-cache pour faire éclater la vérité au grand jour. Une majorité de curieux de bonne foi se questionnent et une poignée de conspirationnistes très actifs dénoncent « une légende officielle », un « mythe » qu'il convient de déconstruire à tout prix. Cette histoire d'amour atypique qui survit au temps ne serait qu'une machination orchestrée pour tromper la foule. Dans l'imaginaire collectif, il existe bien ce fantasme de femmes qui ont dépassé la cinquantaine et qui chassent des jeunes hommes : les fameuses « cougars », mais on les imagine davantage se consacrer à une aventure sexuelle d'une nuit qu'à une véritable histoire d'amour. On les dépeint comme des femmes libérées, ayant déjà vécu des engagements, à la recherche de plaisirs éphémères. Dans les faits, en France, les couples ont majoritairement un écart d'âge au profit de l'homme : l'homme est plus âgé que sa conjointe dans six couples sur dix, avec, en moyenne, deux ans et demi de plus [1]. Les deux conjoints ont le même âge à un an près dans trois cas sur dix, et dans seulement un couple sur dix, l'homme est le plus jeune. Avec un tel écart au profit de la compagne, le couple Macron figure dans une marge extrême : ils échappent à toutes les statistiques et transgressent les normes les plus élémentaires. Ils n'étaient pas prédéstinés à être ensemble, à vivre ensemble, à se marier, à traverser les décennies ni à gravir les échelons du pouvoir. Le modèle est si rare que personne n'y croit : on cherche les vices cachés, une trahison, des secrets, des bruits de couloir circulent sans arrêt autour du couple, dont un finira par inquiéter son entourage.

1. Selon une étude de l'Insee publiée en 2017.

Lors de la campagne présidentielle de 2017, des rumeurs enflent au sujet du couple secret qu'Emmanuel Macron formerait avec le très séduisant patron de Radio France, Mathieu Gallet. Le nom de ce dernier est le premier mot associé qui apparaît après celui de Macron lors d'une recherche Google, preuve des recherches compulsives effectuées par les internautes sur le sujet et de la prolifération exponentielle des discussions associant les deux hommes. La légende dit même que, si le candidat porte une bague à chaque annulaire, c'est parce qu'il possède deux alliances pour deux histoires d'amour, l'une avec son épouse qui n'est qu'un paravent pour l'autre, plus intime, avec le très puissant dirigeant de la Maison ronde. Alors qu'il progresse dans les sondages, ses adversaires en profitent pour faire monter la sauce et le présenter comme un menteur compulsif : un homme qui cache la vérité sur sa vie privée ne peut être digne de confiance. S'il ment sur sa couche, il ment sur ses promesses de campagne, règle selon laquelle l'esbroufe est une question de nature. À l'approche de l'échéance électorale, la garde rapprochée du candidat panique de voir ce baratin se répandre. « Nous avions reçu dans une chaîne de mails un message dénonçant notre candidat comme un homosexuel honteux et nous avons aussi reçu une avalanche d'appels nous informant que des photos compromettantes allaient sortir dans la presse à scandale. Cette machination était d'une efficacité redoutable », se souviendra Sylvain Fort, alors patron de la communication du candidat, dans un entretien au journal *Le Parisien*, le 8 février 2017. Le 6 février 2017, lors d'un meeting au théâtre Bobino, à Paris, l'intéressé n'a d'autre choix que de tordre le cou aux rumeurs. Devant une foule de partisans et de caméras, il s'adresse à « celles et ceux qui voudraient faire courir l'idée » qu'il est « duplice », qu'il a « des vies cachées ou autre chose ». Il regrette d'abord les conséquences sur son épouse : « C'est désagréable pour Brigitte, regrette-t-il, avec sans doute un brin d'euphémisme. Je vous rassure, comme elle partage tout de ma vie, du soir au matin, elle se demande simplement comment physiquement je pourrais. » Avant d'ironiser : « Pour mettre les pieds dans le plat, si dans les dîners en ville, si dans les boucles de mails, on vous dit que j'ai une double vie avec Mathieu Gallet ou qui que ce soit d'autre, c'est mon hologramme qui soudain m'a échappé mais ça ne peut pas être moi ! » s'exclame-t-il, en référence à la performance technique effectuée la veille par Jean-Luc Mélenchon, dont le meeting à Lyon était dédoublé en direct à Paris grâce à un hologramme.

À cette époque, Mathieu Gallet reste en retrait, considérant n'être qu'un instrument utilisé pour attaquer le candidat à la présidentielle. Huit ans plus tard, il juge dans un livre[1] que cette rumeur de liaison tenace a nui à sa carrière, considère qu'il a été la victime collatérale d'une machination visant à abattre un candidat politique, mais aussi du procès en illégitimité d'un couple pas comme les autres. « Les gens imaginent que ce n'est pas sincère, qu'il y a quelque chose derrière, une vérité cachée, explique-t-il au cours d'une interview. Leur histoire est singulière, clairement, mais ce n'est pas parce qu'elle est singulière qu'elle n'est pas vraie », ajoute-t-il. Gallet pointe du doigt le fond du scandale : le refus de donner du crédit au couple présidentiel. Alors que l'information n'a jamais été aussi massive, nous aurions pu imaginer que la disponibilité de la connaissance éradiquerait la crédulité, mais c'est exactement l'inverse qui se produit. Dans *L'Empire des croyances*[2], le sociologue Gérald Bronner explore cette passion collective pour les idées qui flattent la pente naturelle de l'esprit et qui a connu une nouvelle vitalité avec l'apparition

1. Mathieu Gallet, *Jeux de pouvoir. La vérité sur une affaire politico-médiatique*, Bouquins, 2022.

2. Gérald Bronner, *L'Empire des croyances*, PUF, 2003.

d'Internet. Il en conclut que, d'un naturel flemmard, l'esprit humain va naturellement rechercher l'information qui vient conforter ses croyances et sa vision du monde plutôt que d'accorder de l'importance à celles qui l'infirment. Une façon intelligente de dire que, d'instinct, nous prenons nos rêves pour des réalités. Les fausses croyances autour du couple Macron naissent de notre incapacité à donner du crédit à un amour qui n'est pas normatif. Comme lorsqu'on se méfie d'une information qui paraît trop surprenante pour être vraie. Emmanuel Macron se servirait de son épouse comme artifice pour polir son image, elle ne serait pour lui qu'une couverture pour masquer ses vices. Dans cette logique d'ailleurs, l'époux n'est pas le seul à être visé : quelques années plus tard une autre rumeur éclate et cible cette fois la Première dame, sous la ceinture.

Le hashtag #JeanMichelTrogneux apparaît pour la première fois sur Twitter le 1er novembre 2021, pour accompagner une « révélation » qui se veut fracassante : Brigitte Macron serait en fait une transexuelle, et pas n'importe laquelle : elle serait en fait son frère, Jean-Michel. Comme le rapporte le site Conspiracy Watch, l'affaire débute avec une série de cinq épisodes intitulés « Le Mystère Brigitte Macron » publiée dans la revue *Faits & Documents*, souvent relayée par des proches d'Alain Soral.

Signée Natacha Rey, une « journaliste » qui s'est penchée avec frénésie sur l'arbre généalogique de l'épouse du président et qui affirme révéler « les innombrables bidonnages des communicants pour faire accepter aux Français le couple formé par "Brigitte" et Emmanuel Macron ». L'épouse du chef de l'État aurait transitionné et fait appel à une mère porteuse pour concevoir ses enfants, truqué ses documents administratifs et subi de multiples opérations pour cacher son changement de sexe à l'état civil. L'affaire prend un nouveau tournant après la diffusion d'une vidéo où l'experte auto-proclamée est interviewée pendant près de cinq heures par la « médium » Amandine Roy sur le « média alternatif », Médiumnisation. Des photos intimes sont alors jetées en pâture au public, la vidéo fait plus de 400 000 vues et déclenche des vagues de commentaires sur les réseaux sociaux. Selon David Chavalarias, directeur de recherche au CNRS, interrogé par *Le Monde*, le sujet est d'abord diffusé dans la chambre d'écho autour de Florian Philippot, François Asselineau et Nicolas Dupont-Aignan.

À l'occasion du lancement de l'opération pièces jaunes 2022, la journaliste Alba Ventura a le cran de questionner la Première dame sur cette rumeur tenace. « Vous avez été victime des réseaux sociaux : récemment, on a dit que vous étiez un homme ! »

lui lance-t-elle. La Première dame, qui se défend de mettre un pied sur la Toile pour s'éviter de subir la violence qui s'y exerce envers elle, confie en avoir eu écho. Sans se défiler, elle se désole de la lenteur des démarches judiciaires en la matière : il lui a fallu, à elle, cinq jours et demi pour faire supprimer ces contenus complotistes, ce qui laisse présager de la lenteur de la procédure pour le commun des mortels.

« Au début j'ai regardé ça d'un petit peu loin. J'en entendais parler, mais bon, confie-t-elle. Puis à un moment donné, je me suis rendu compte qu'ils étaient en train de bouleverser ma généalogie. Ils avaient changé mon arbre généalogique. Les trois quarts de la famille, c'était bien. Et puis on arrive à mon frère et je suis mon frère. Là, on touche à la généalogie de mes parents, c'est impossible ! » Impossible signifie alors : ils ont dépassé les bornes de l'acceptable, rendant caduque l'éventualité de continuer à privilégier la politique de l'autruche. C'en est trop : l'épouse du chef de l'État porte plainte et fera définitivement condamner par la justice « l'experte » et « la médium » pour diffamation et complicité de diffamation.

Là aussi, le soupçon de duplicité explique ces affabulations sur le couple Macron. Puisqu'on juge leur amour illégitime, alors on subodore qu'ils affabulent, qu'ils mentent, qu'ils complotent pour rouler la populace dans la farine. Sans prendre en compte la longue tradition de l'aristocratie française de l'homme qui découvre l'amour dans les bras d'une femme plus âgée, comme en témoigne mon ami, l'écrivain Pierre Cormary, dans son ouvrage, du nom de l'actrice roumaine à laquelle il a voué un culte : *Aurora Cornu*[1]. Il conte sans complexe ce fantasme de celui qui aime être initié à la vie par une femme qui la connaît mieux que lui, capable de la lui apprendre comme à un petit garçon, de le guider, de le rassurer, avec laquelle il ne se sent pas obligé d'être fort. Un plaisir plus commun qu'on ne croit, si l'on analyse le fantasme coquin largement répandu de la maîtresse d'école.

Pour résumer, le couple présidentiel n'a eu de cesse d'être pointé du doigt depuis le jour où ils se sont choisis. Leur écart d'âge n'a cessé de nourrir des soupçons de duplicité, de névrose, voire de déficience psychologique, comme si le couple par définition n'était pas une extension des problématiques des deux personnes qui le composent. À l'image d'autres couples qui échappent aux codes de l'âge, dont ceux, plus répandus, dans lesquels l'homme est plus âgé que la femme, à l'instar de la chanteuse Céline Dion et de son époux disparu, René, avec

1. Pierre Cormary, *Aurora Cornu*, Éditions Unicité, 2022.

lequel elle avait vingt-six ans d'écart, ou de l'idole des jeunes, Johnny Hallyday, et son épouse Laeticia qui l'a accompagnée jusqu'à son dernier souffle malgré leur trente et un ans d'écart. Ou encore le couple formé par l'acteur Vincent Cassel et le mannequin Tina Kunakey, dont nous avons raconté l'histoire au chapitre précédent.

Si l'homme est le plus vieux du couple, les leçons de psychologie de comptoir veulent qu'il endosse le costume de père pour la femme, qu'il peut dorloter à sa guise. Lorsque c'est la femme, l'homme cherche une nouvelle mère pour le diriger. Chaque couple est toujours, indépendamment de sa propre structure et logique, perçu à travers des représentations sociales négatives. Or le couple Macron ne correspond pas à l'image traditionnelle du couple bourgeois : il n'est pas normatif, raison pour laquelle il déclenche tant d'hostilité de la part de détracteurs qui soupçonnent immédiatement un fond incestuel. Première dame, Brigitte Macron a subi toutes les bassesses : sur son âge, sur sa féminité, sur son physique, sur ses tenues vestimentaires. Sa fille a même lancé le mot-dièse #balancetonmiso pour la défendre contre les comportements misogynes qui la visaient et qui dépassaient l'acceptable. Emmanuel Macron a été infantilisé, décrit comme un garnement fragile, un homme téléguidé, immature affectivement, obéissant au doigt et à l'œil à sa femme maléfique. Leur couple a eu droit à tous les préjugés ; néanmoins, ils prouvent à leur façon que l'amour n'est pas une affaire d'arithmétique et qu'il est même, presque toujours, et ici de façon spectaculaire, singulier, individuel, intime.

L'amour n'est pas un rat de laboratoire parce qu'il touche au mystère des êtres, au mystère de leur attraction, au caractère imprédictible qui met en échec tant de sites Internet destinés à faire se rencontrer « des âmes sœurs » à partir de critères objectifs, et qui, dans la plupart des cas, ne produisent que des fiascos. À ce titre, l'émission « Mariés au premier regard », diffusée en France pour la première fois le 7 novembre 2016, est particulièrement révélatrice sur la question. « Grâce aux progrès de la science, on peut savoir mieux que vous-même de qui vous allez tomber amoureux », promet en préambule la voix off. Le principe est simple : des experts sont chargés, à partir de critères scientifiques, de calculer les taux de compatibilité entre des candidats célibataires puis de les marier sans qu'ils se soient jamais rencontrés. Les critères sont calculés à partir de tests psychologiques et psychométriques censés déterminer les personnalités compatibles. Le bilan établi par le journal *Le Parisien* est révélateur : 84 % des unions formées au cours des quatre premières saisons se sont soldées par un divorce. Si les employés de la production se dédouanent et assurent qu'ils ne sont pas « magiciens », ils nous prouvent surtout, malgré eux, l'imprévisibilité de l'amour et l'échec cuisant de ceux qui veulent le prédire. L'amour est d'abord une surprise : il se présente lorsqu'on ne l'attend pas, déserte lorsqu'on l'attend. Il joue avec le cœur au jeu du chat et de la souris, lui échappe et l'empoigne continuellement. Il nous frappe par surprise comme un ouragan qui aurait échappé aux experts météorologiques, qui n'aurait pas laissé le temps de nous mettre à l'abri. C'est la leçon ultime de cette expérience pratiquée à la télévision, maintenue à l'antenne davantage pour ses bonnes audiences que pour sa capacité à former des couples stables.

Défendre le couple Macron, c'est défendre la liberté. La liberté de tomber amoureux d'une personne hors de son cercle et de sa zone de prédilection. Un choix en péril à l'heure de la montée en puissance d'une nouvelle morale qui menace l'amour, comme elle menace la liberté d'expression. Une morale qui condamne le couple Macron, qui refuse de le prendre au sérieux, qui le soupçonne de fomenter une machination, un complot, une conspiration. Le réel serait inventé de toutes pièces. Le couple Macron nous montre à l'inverse que concevoir l'amour comme un objet strictement scientifique est une hérésie. Que ceux qui affirment qu'il convient de concevoir l'amour sous le prisme de la domination des sexes se mettent le doigt dans l'œil. Il n'y a pas de manuel fiable pour l'anticiper, pas de loi politique qui vaille pour juger de la légitimité d'une passion. L'amour est anarchiste parce qu'il échappe aux petits calculs dans lesquels on voudrait l'enfermer, le réduire en équation. Il laisse une large part au mystère du hasard et de la psychologie humaine qu'il convient d'accepter. C'est ce que tente d'expliquer le président de la République au cours de cette interview des *Rencontres du Papotin*, filmée depuis la grande salle lumineuse de l'Institut du monde arabe. Emmanuel Macron assume au grand jour son histoire d'amour au cours d'une émission qui met en lumière des autistes, des êtres singuliers, pour qui l'appréhension du monde n'est pas normative. Il savait sans doute qu'il n'y avait pas d'endroit au monde où il aurait pu être mieux compris.

Conclusion

Ainsi donc s'achève cet essai didactique sur fond de romantisme assumé, qui s'est employé à démontrer, étape par étape, chapitre par chapitre, la façon dont la relation entre l'homme et la femme est désormais au cœur des attaques des nouvelles ligues de vertu. La façon dont l'idéologie néoféministe s'emploie sciemment à saboter le sel de l'expérience ultime entre les sexes et s'attaquer aux femmes qui n'aiment pas comme on voudrait qu'elles aiment. Par la politisation de l'intime jusque dans la chambre à coucher qui conduit fatalement à une judiciarisation des affaires privées, par la chasse au masculin qui consiste à procéder au *reductio ad porcum*, par l'instrumentalisation de notions de psychopathologie vidées de leur substance comme celle d'« emprise » au point de considérer les travers de l'amour comme une pathologie mentale, en médiatisant à outrance l'éloge du renoncement à l'amour dans une logique précautionniste, en salissant des œuvres romantiques fondamentales comme *La Belle au bois dormant*, en stigmatisant les best-sellers érotiques dont raffolent les jeunes femmes. Des attaques lancées tous azimut, à différents niveaux, qui montrent par la preuve combien l'amour est un sujet sérieux qui mérite d'être défendu avec force et vigueur. De la politisation de l'intime jusqu'à la pathologisation du sentiment en passant par la criminalisation du masculin, des nouvelles morales puritaines s'installent doucement mais sûrement dans le débat public sans que cela suscite une franche révolte.

Cependant, il est entendu que mettre en lumière le travail idéologique mené pour le saboter n'est pas l'objectif fondamental de cet essai. Toute la démonstration faite n'a été qu'un moyen employé à des fins éminemment plus importantes : libérer nos contemporaines des impératifs moraux qui finissent par peser sur elles lorsqu'elles choisissent d'aimer un homme qui ne correspond pas aux critères à la mode. Leur rendre leur liberté, leur offrir une soupape de respiration, les déculpabiliser d'échapper aux nouveaux impératifs auxquels des professionnels de la vertu voudraient les soumettre, les décomplexer d'avoir des passions rétives à l'égalitarisme forcené. Non, le « parti des femmes » revendiqué, qui dicte du matin au soir un prêt-à-penser et un prêt-à-aimer, qui tente d'instaurer un code de conduite dans la sphère amoureuse, ne dispose pas de légitimité à le faire. Non, le fait d'avoir un sexe féminin n'est pas synonyme d'une quelconque affiliation à un parti politique, au suivi d'un code comportemental sous les draps. Cet essai offensif a par-dessus tout l'ambition d'offrir aux femmes la possibilité de se déculpabiliser d'aimer de façon imparfaite et de ne pas craindre l'amour ni renoncer à lui, comme on les y invite. Si cet essai permet de libérer des femmes d'un féminisme castrateur qui les enferme, qui les culpabilise, qui les empêche d'aimer de toutes les façons possibles, de jouir, alors il n'aura pas été vain. S'il permet de participer un peu à la réconciliation des sexes, alors il aura trouvé sa place parmi les nombreux ouvrages consacrés aux rapports entre les hommes et les femmes. Pour clôturer son *Amour fou*[1], ce recueil majeur du courant surréaliste publié en 1937, l'écrivain André Breton adresse une lettre à sa fille unique Aube, à lire le jour de ses 16 ans, dans laquelle il tente de la rassurer sur les sentiments et lui souhaiter le meilleur. Parmi les nombreuses lettres qu'il lui adresse, qui d'ordinaire narrent ses expériences de la vie et ses pensées existentielles, celle-ci se termine par un souhait, le plus grand de

1. André Breton, *L'Amour fou*, Gallimard.

tous, celui d'être « follement aimée ». Je ne peux que souhaiter pareil dessein à mes contemporain(e)s.

Cette démonstration arrivant à son terme, il convient aussi de répondre avec franchise à certaines remarques qui viseront l'auteure de ces lignes et qu'il est possible d'anticiper. Car le sujet de l'amour n'est jamais anodin, ni pour une auteure, ni pour un lecteur. D'abord, l'auteure de ces lignes n'est pas une oie blanche pétrie d'idéalisme, aveuglée par sa naïveté ou ses expériences flamboyantes. Si j'étais tout à fait honnête, je dirais même que certains deuils amoureux ont occasionné ces souffrances les plus intimes, ces blessures les plus profondes qui ont précipité mon passage dans le monde adulte. Comme à beaucoup d'êtres humains, il m'est arrivé de sentir poindre le basculement dans la folie, le délire, le point de non-retour. J'aurais moi-même toutes les raisons de vouloir les culpabiliser, d'en finir avec eux une bonne fois pour toutes par instinct d'autoconservation, et de m'associer à la campagne en diffamation entamée contre eux. De rejoindre les « pantouflardes de l'amour », qui crient au monde entier en avoir définitivement fini avec lui. J'aurais toutes les raisons de sombrer dans la facilité et de vouloir l'accuser de tous les maux du monde, le condamner définitivement, d'adhérer à ce courant féministe qui maudit l'amour des hommes. Pourtant, il demeure en moi l'instinct de vouloir le sauver. Je refuse de sombrer dans le ressentiment, l'aigreur et les passions tristes en généralisant des expériences ratées. Il ne me semble pas raisonnable, de façon générale, de se servir de ses souffrances pour accuser la vie. Il convient de sauver l'amour, parce qu'il a aussi été sublime, parce qu'il m'a aussi sauvé la vie en lui donnant un sens. Dans un mouvement paradoxal, cet amour qui a failli me tuer m'a sauvée de mes angoisses spirituelles, de cette coercition culturelle et religieuse dans laquelle je suis née et que j'ai décrite dans mon précédent essai sur la ville de Sarcelles[1]. Un bain religieux strict qui a sans doute façonné mon irrépressible besoin de liberté. Mes amours m'ont offert un équilibre que je n'avais trouvé nulle part ailleurs, ils m'ont construite, m'ont soutenue dans l'apprentissage de la vie. L'amour m'a permis de m'émanciper, de me donner des ailes pour partir à l'aventure, de me défaire de mes déterminismes qui me destinaient à une vie plus rangée. L'amour est une croyance à laquelle j'ai choisi d'adhérer, et que je défends comme une émancipation, comme

1. *Les Uns contre les Autres ; Sarcelles, du vivre-ensemble au vivre-séparé*, Cerf, 2022.

une force qui pousse vers l'avant, comme un horizon des possibles. Ainsi, cet essai, mon troisième, a employé toutes ses forces à sauver l'amour, en dénonçant les attaques intempestives dont il est l'objet.

Table des matières

DU MÊME AUTEUR

L'affaire Sarah Halimi, Cerf, 2018.

Les uns contre les autres – Sarcelles, du vivre-ensemble au vivre-séparé, Cerf, 2022.

REMERCIEMENTS

Merci à toutes les femmes fortes, libres, indépendantes qui ne supportent pas qu'on leur dise quoi penser. Merci à Pierre Cormary, qui m'aide au quotidien à démêler l'insondable mystère de l'existence. Merci à Léa Landman, Victor Lefebvre, Dan Abergel, Caroline Valentin, Nathan Tolédano, Céline Pina.

Merci aux éditions Plon de m'avoir fait confiance et offert une liberté totale dans la rédaction de cet essai.

Pour en savoir plus
sur les Éditions Plon
(catalogue, auteurs, vidéos, actualités...),
vous pouvez consulter
www.plon.fr
www.lisez.com

lisez!

et nous suivre sur les réseaux sociaux

Editions Plon

@EditionsPlon

@editionsplon

Pour plus d'information :

#lisez! engagé
www.lisez.com

Imprimé sur du papier issu de forêts gérées durablement.

CET OUVRAGE A ÉTÉ ACHEVÉ D'IMPRIMER SUR ROTO-PAGE
PAR L'IMPRIMERIE FLOCH À MAYENNE EN OCTOBRE 2023

N° d'impression : 103405
N° d'édition : P31724/01
Imprimé en France